GUINNESS WORLD RECORDS

GAMER'S EDITION

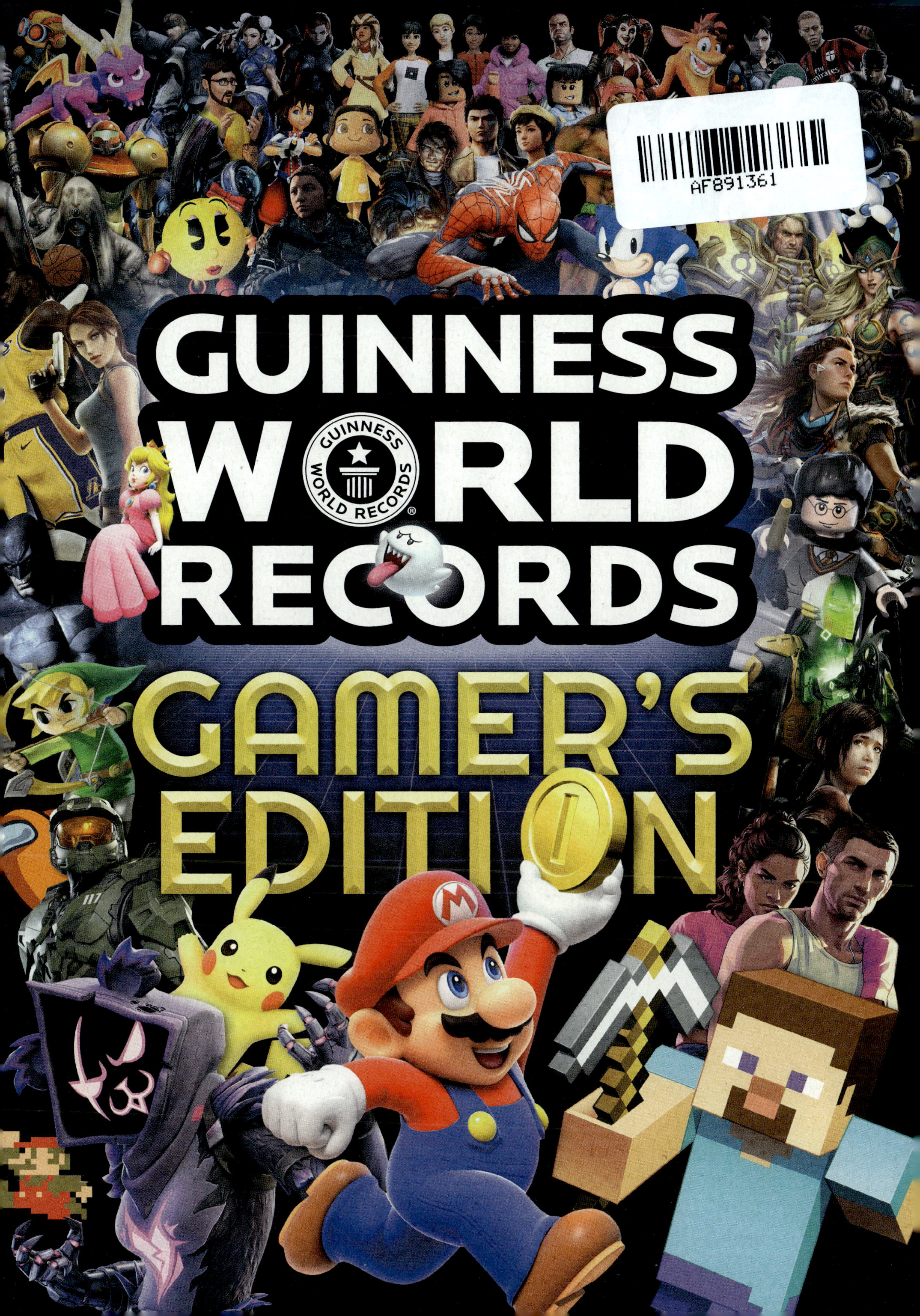

Vicepresidenta sénior mundial de publicaciones
Nadine Causey

Editor jefe
Craig Glenday

Edición de la maqueta
Chris Bryans, Eddie de Oliveira

Dirección editorial
Adam Millward

Editores sénior
Tom Beckerlegge, Ben Hollingum

Editora júnior
Caitlin Hyem

Corrección de pruebas y verificación de datos
Matthew White

Edición fotográfica
Lucy Talavera, Abby Taylor

Diseño de la maqueta
Ryan Gale

Diseño de la cubierta
Paul Wylie-Deacon, de 55design.co.uk

Indexación
Marie Lorimer

Directora de edición y producción de libros
Jane Boatfield

Directora de producción y distribución
Patricia Magill

Coordinador de producción y distribución
Thomas McCurdy

Selección de talentos
Charlie Anderson

Jefe de contenido realizado por encargo
Michael Whitty

Fotografías originales
Paul Michael Hughes

Asesores de producción
Yannick Laag, Astrid Renders, Kevin Sarney, Maximilian Schonlau, Dennis Thon

Impresión y encuadernación
Mohn Media Mohndruck GmbH, Gütersloh, Alemania

Director mundial de marketing
Nicholas Brookes

Jefa de publicaciones y comunicaciones de la marca (Reino Unido e internacional)
Amber-Georgina Maskell

Coordinadora de RR. PP. (Reino Unido e internacional)
Madalyn Bielfeld

Ejecutiva de RR. PP. (Reino Unido e internacional)
Alina Polianskaya

Ejecutivo de marketing (Reino Unido e internacional)
Nicole Dyer-Rainford

Coordinadora de contenido sénior (Reino Unido e internacional)
Eleonora Pilastro

Coordinadora de RR. PP. sénior (América)
Amanda Marcus

Ejecutiva de RR. PP. sénior (América)
Kylie Galloway

Coordinadora de marketing CRM
Jody Ho

Director mundial de ventas
Joel Smith

Coordinadora de cuentas clave sénior
Mavis Sarfo

Coordinadora internacional de ventas
Aliona Ladus

Reprografía
Resmiye Kahraman y Louise Pinnock, de Born Group

ISBN: 978-84-08-29135-0
Depósito legal: B. 10.784-2024
©2024 de la traducción española: Editorial Planeta, S. A.
Coordinación editorial de la versión española: Delivering iBooks & Design, Barcelona.
Traducción: Carme Franch, Míriam Torras y Antonio Vizcarra

Los récords están para batirlos: de hecho, este es uno de los requisitos indispensables para establecer una categoría de récord. Si encuentras un récord que crees que puedes batir, nos lo puedes solicitar. Contacta con nosotros antes de hacer cualquier intento.

Sostenibilidad

En Guinness World Records, seguimos procurando llevar nuestra empresa de manera sostenible y respetuosa con el medioambiente. Como parte de este compromiso, las páginas de este libro están impresas en papel totalmente reciclado, hecho al 100 % de papel recuperado y de pulpa destintada de papel posconsumo. En el proceso de producción del papel no se ha utilizado cloro como blanqueador. Ha sido galardonado con la certificación Ángel Azul y el distintivo de la UE Ecolabel.

Este papel está hecho en la empresa alemana Steinbeis Papier, una de las fábricas de papel más eficientes energéticamente y que genera menos emisiones de Europa. La fábrica basa su proceso de producción en el equilibrio ecológico, desde la obtención regional de papel recuperado para usarlo como materia prima hasta la producción en un ciclo de agua y energía completamente cerrado.

GWR está comprometido en el abastecimiento ético y responsable del papel, así como de la tinta. También trabajamos para asegurarnos de que todos nuestros colaboradores de la cadena de suministros cumplan con los estándares internacionales más exigentes de producción sostenible y gestión energética. Si deseas más información, ponte en contacte con nosotros.

GWR aplica un sistema de comprobación muy riguroso para verificar todos los récords. Sin embargo, aunque ponemos el máximo empeño en garantizar la exactitud, GWR no se hace responsable de los posibles errores que pudiera contener esta obra. Agradecemos todos aquellos comentarios de nuestros lectores que contribuyan a una mayor exactitud de los datos.

GWR utiliza el sistema métrico decimal.

Al intentar batir o establecer récords, siempre se deben solicitar los consejos oportunos. Cualquier tentativa de batir o establecer un récord es responsabilidad exclusiva del aspirante. GWR se reserva el derecho de incluir o no un determinado intento de récord en cualquiera de sus publicaciones. Ser titular de un récord de GWR no garantiza su aparición en ninguna publicación del Guinness World Records.

Impreso en Alemania por Mohn Media
El representante autorizado de Guinness World Records Limited en la Unión Europe es Mohn Media Mohndruck GmbH, Carl-Bertelsmann-Straße 161M, 33311 Gütersloh, Alemania
www.mohnmedia.de

Dirección registrada: Ground Floor, The Rookery, 2 Dyott Street, Londres, WC1A 1DE

THE JIM PATTISON GROUP

OFFICIALLY AMAZING

Presidente mundial
Alistair Richards

Dirección
Alison Ozanne

Finanzas mundiales
Elizabeth Bishop, Jess Blake, Arianna Cracco, Lisa Gibbs, Kimberley Jones, Jacob Moss, Bhavik Patel, Ysanne Rogers

Asociación empresarial: Sian Bhari, Lorenzo Di Sciullo, Thomas Jones, Maryana Lovell

eCommerce
Sara Kali, Athina Kontopoulou, Scott Shore

Departamento jurídico mundial
Mathew Alderson, Greyson Huang, Matthew Knight, Maria Popo, Jiayi Teng

Departamento de informática y operaciones mundiales
Rob Howe

Coordinación del proyecto: Caroline Brouwer, Vivian Peter

Tecnología digital e informática: Anita Casari, Mohamed Hanad Abukar, Oliver Hickie, Veronica Irons, Joshua Jinadu, Apon Majumder, Sohail Malik, Benjamin McLean, Ajoke Oritu, Cenk Selim, Gerry Sweeny, Roelien Viljoen, Alex Waldu

Servicios centrales de los récords
Mark McKinley

Soporte para el contenido del récord: Lewis Blakeman, Amelis Escalante, Clea Lime, Will Munford, Mariana Sinotti, Dave Wilson, Melissa Wooton

Equipo de curadores de los récords: Nana Asante, Erin Branney, Megan Bruce, Dominic Heater, Esther Mann, Thomas Marshall, William Sinden

Departamento mundial de cultura
Stephanie Lunn

Londres: Eleonora Angelova, Jackie Angus, Gurpreet Kaur, Monika Tilani

América: Jennifer Olson, Mariama Sesay

China: Crystal Xu, Nina Zhou

Japón: Emiko Yamamoto

UAE: Monisha Bimal

Marca y medios digitales
Katie Forde

Estrategia de marca y comunicaciones
Jack Brockbank, Juliet Dawson, Lucy Hunter, Doug Male

Televisión y medios digitales
Karen Gilchrist

Redes sociales: Josephine Boye, Dominic Punt, Dan Thorne

Contenido de la página web: Sanj Atwal, Vassiliki Bakogianni, Vicki Newman

Contenido hecho por encargo: Michael Whitty

Diseño y producción de vídeos: Callum Dean, Rebecca Fisher, Jessica Hargrave, Rikesh Mistry, Fran Morales, Matthew Musson, Joseph O'Neil, Catherine Pearce, Aaron Quinn, Emma Salt

Licencias de contenido: Kirsty Clark, Kathryn Hubbard, Kate Stevenson

GWR Entertainment
Alexia Argeros, Fiona Gruchy-Craven, Paul O'Neill, Alan Pixsley

Asesoramiento mundial
Marco Frigatti

Generación de demanda mundial: Angelique Begarin, Melissa Brown

Marketing de producto mundial: Catherine Blyth, Aled Mann, Rebecca Ward

Asesoramiento en América
Carlos Martinez

Servicios de cuentas comerciales: Isabella Barbosa, Mackenzie Berry, Brittany Carpenter, Carolina Guanabara, Ralph Hannah, Kim Partrick, Michelle Santucci, Joana Weiss

Marketing comercial: Nicole Pando, Ana Rahlves

Gestión de récords: Raquel Assis, Lianett C. Fernandez, Maddison Kulish, Alba (Niky) Pauli, Callie Smith, Carlos Tapia Rojas

Asesoramiento en Pequín
Charles Wharton

Licencias de contenido: Chloe Liu

Editorial: Angela Wu

Servicios de cuentas comerciales: Catherine Gao, Linda Li, Xiaona Liu, Tina Ran, Amelia Wang, Elaine Wang

Marketing comercial: Theresa Gao, Nicole Kang

Producción de eventos: Fay Jiang

Comunicación de la marca: Echo Zhan, Yvonne Zhang

Gestión de récords: Vanessa Tao, Kaia Wang, Richard Xie, Alicia Zhao

Asesoramiento en Dubái
Talal Omar

Servicios de cuentas comerciales: Sara Abu-Saad, Khalaf Badi, Naser Batat, Danny Hickson, Mohammad Kiswani, Kamel Yassin

Marketing comercial: Shaddy Gaad

Marketing de contenido y de la marca: Mohamad Kaddoura, Alaa Omari

RR. PP.: Hassan Alibrahim

Gestión de récords: Reem Al Ghussain, Sarah Alkholb, Dina Charafeddine, Hani Gharamah, Karen Hamzeh

Asesoramiento en Londres
Sam Prosser

Servicios de cuentas comerciales: Nick Adams, Monika Drobina, Sirali Gandhi, Shanaye Howe, Nick Hume, Spoorthy Prakash, Nikhil Shukla, Lucia Sinigagliesi, Nataliia Solovei

Marketing comercial: Amina Addow, William Baxter-Hughes

Gestión de récords: Muhammad Ahmed, Shreya Bahuguna, Andrew Fanning, Apekshita Kadam, Ted Li, Francesca Raggi

Asesoramiento en Tokio
Kaoru Ishikawa

Servicios de cuentas comerciales: Saif Alamannaei, Minami Ito, Takuro Maruyama, Yumiko Nakagawa, Nana Nguyen, Yuki Sakamoto, Wei Watanabe, Masamichi Yazaki

Marketing comercial: Momoko Cunneen, Hiroyuki Tanaka, Eri Yuhira

Producción de eventos: Yuki Uebo

Comunicación de la marca: Kazami Kamioka, Masakazu Senda

Gestión de récords: Aki Makijima, Mai McMillan, Momoko Omori, Naomi-Emily Sakai, Lala Teranishi

Hemos hecho todo lo posible por encontrar a los titulares de los derechos y obtener permiso para utilizar las imágenes de esta publicación. Estaremos encantados de recibir cualquier aviso de los titulares de derechos que hayan sido omitidos.

PRÓLOGO
BLUE SCUTI

¡EL NIÑO QUE SE PASÓ EL *TETRIS*!

Hola, soy Willis «Blue Scuti» Gibson y te doy la bienvenida a la última publicación del *Guinness World Records Gamer's Edition*.

Los editores de las oficinas centrales de los GWR de videojuegos, que están en Londres, me han pedido que os presente este fantástico nuevo libro, la 14.ª edición del **anuario sobre videojuegos más vendido** del mundo... ¡Así que, hola, encantado de conocerte!

Estoy muy contento de tener en mis manos esta recopilación de noticias, estadísticas, datos y cifras, y no solo porque salgo yo (si quieres saber cómo batí el récord de *Tetris* en la NES, ve a la pág. 83), sino porque contiene el top 100 de los mejores récords mundiales de videojuegos, seleccionados por el equipo internacional de friquis de los videojuegos de GWR. Estoy seguro de que aquí encontrarás todos tus juegos preferidos, desde clásicos de arcade, como *Space Invaders*, hasta los últimos éxitos para consolas, como *Mario vs. Donkey Kong*. Ah, ¡y el *Tetris*, claro! Pero, además de los videojuegos más famosos, también descubrirás a los jugadores de eSports más ricos, a los diseñadores de juegos más creativos y a los speed-runners más rápidos.

Cuando me convertí en la primera persona en «derrotar» el *Tetris*, no me lo podía creer. Al terminar, por poco me desmayo. ¡Ni me notaba las manos! Pero yo no era el único que estaba entusiasmado. ¡Mi hazaña despertó tanto interés que acabé en los telediarios de todo el mundo! Ahí estaba yo, un niño de 13 años de Oklahoma en canales de televisión de todas partes, desde Tokio hasta Londres. Fue entonces cuando el equipo de los Guinness World Records se puso en contacto conmigo. ¡Y aquí estoy ahora, convertido en el titular oficial de un récord!

Si, como yo, sientes pasión por los videojuegos, también puedes conseguir uno de estos certificados de GWR. ¡Queda genial colgado en la pared de la habitación! Según Tom Marshall (que es el nuevo coordinador de los récords de videojuegos de GWR), hay un récord para cada persona, así que espero que la lectura de este libro te inspire a intentar batir el tuyo. ¡¿Nos vemos, tal vez, en la edición de 2026?! ¡Buena suerte!

A ver, ¿por qué te haces llamar «Blue Scuti»?
Mi apodo viene de la estrella hipergigante UY Scuti. Es una de las estrellas más grandes del universo, ¡unos 5.000 millones de veces más grande que nuestro Sol!

¡Tú mismo te has convertido en una estrella! ¿Cómo te sientes?
Solo soy un niño normal haciendo cosas normales de niños, pero resulta que se me da muy bien un antiguo videojuego. ¡Mi próximo objetivo es ganar el Campeonato Mundial de Tetris Clásico!

¿Algún consejo para gente que quiera batir un récord?
Si te centras en algo y te esfuerzas de verdad, sin rendirte, es muy probable que lo consigas.

Blue Scuti
Willis Gibson

SUMARIO

Bienvenido a esta cuenta atrás de nuestros 100 mejores récords de videojuegos, seleccionados cuidadosamente por los expertos en juegos de GWR.

ICONOS XP

Los titulares de récords que aparecen en esta lista de los 100 mejores están clasificados en una de las siguientes categorías. Encontrarás los iconos en los recuadros XP; como verás, hay de todo tipo, desde géneros hasta eventos y desde gente hasta... ehm... perros. ¡Un recordatorio de lo variado que puede ser el mundo de los récords!

- Acción y aventura
- Juego de rol y aventura
- Juego de rol
- Disparos
- MMORPG
- Mundo abierto
- Estrategia y simulación
- Deporte
- Carreras
- Arcade
- Lucha
- MOBA
- Sandbox
- Juego casual y para móvil
- Fiesta y ritmo
- Deducción social
- Battle royale
- Supervivencia y terror
- Persona
- Tecnología y hardware
- Comunidad de videojuegos
- Películas, televisión y streaming
- Competiciones y eventos
- Música y bandas sonoras
- Negocios
- Trofeos
- Cómics y libros
- Perro

INTRODUCCIÓN

Bienvenido al ***Guinness World Records Gamer's Edition 2025***, el último libro de la exitosa serie de referencia en el mundo de los videojuegos. Soy Tom, el miembro más reciente del equipo de curadores de los récords, y tengo el mejor trabajo de la empresa: ¡velo por los récords de videojuegos!

¡Descubre cómo puedes conseguir un certificado oficial de GWR con tu propio nombre!

El *Gamer's Edition* de este año gira en torno a 100 de los mejores récords de videojuegos de todos los tiempos. La lista se ha hecho con la ayuda de nuestro principal asesor de videojuegos, Wesley Yin-Poole (en la pág. 190 puedes leer sobre él), así como del equipo editorial de la sede de GWR, situada en Londres, y de un equipo internacional de entusiastas de los videojuegos procedentes de las oficinas de GWR de todo el mundo.

¿Estarás de acuerdo con nuestro top 100? ¡Puede que no! ¿Incluye tus videojuegos preferidos? Probablemente, siempre y cuando seas fan de los títulos más populares. Al crear esta lista, hemos tenido la suerte de jugar a decenas de las mayores franquicias de videojuegos, así que prepárate para encontrar récords relacionados con leyendas como Mario y Pikachu, además de personajes relativamente nuevos, como Aloy y Miles Morales.

Mundo de los videojuegos

Pero no solo se trata de videojuegos. Por supuesto, hablamos de los títulos más vendidos y los mejor valorados por la crítica, pero, tal como ha comentado mi colega experto en *Tetris* «Blue Scuti» en el prólogo, nuestro top 100 incluye de todo, desde los jugadores de eSports con mas ingresos y los influencers más populares de este sector hasta los speed-runners más rápidos y los constructores más creativos. (¡Aquí abajo puedes ver dos de mis construcciones más impresionantes de *Minecraft*!)

Repartidos por el libro, también encontrarás varios artículos especiales. Entre ellos, se incluye un homenaje a los sets de LEGO®

Tardé 20 h en recrear la abadía gótica de Bath (Somerset, UK), para lo cual utilicé 24.453 bloques.

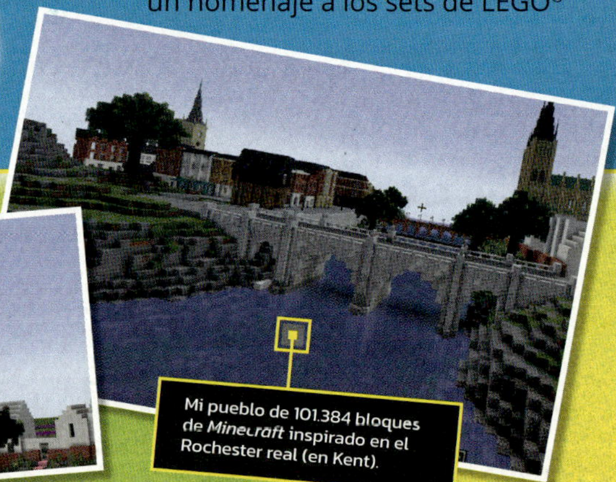

Mi pueblo de 101.384 bloques de *Minecraft* inspirado en el Rochester real (en Kent).

más grandes basados en videojuegos (págs. 36-37) y a los MOCs (págs. 38-39); una selección de algunas de las películas sobre videojuegos más emblemáticas en la que se comparan las cifras de taquilla y la valoración de la crítica (págs. 68-69), y un resumen de las bandas sonoras de juegos más conocidas (págs. 100-101).

Game the Record

Mi trabajo aquí en GWR es evaluar (¡y, con suerte, aprobar!) todas las solicitudes relacionadas con videojuegos que recibimos, así que siempre estoy atento a nuevas ideas y retos. Este es el motivo por el que hemos añadido récords de videojuegos creados especialmente para menores de 16 años. ¡Queremos que el máximo posible de personas pueda intentar batir récords! En el artículo especial «Game the Record» (págs. 132-133), hay una selección de retos creados para menores de 16 años, así que si siempre has querido leer tu nombre en los libros de récords y crees que tienes lo que hay que tener, este es el mejor lugar por el que empezar. En las págs. 8-9, también verás una guía paso a paso sobre cómo hacer una solicitud oficial, sea cual sea tu edad (en la pág. 94 puedes echar un vistazo a los jugadores más mayores).

Por último, me alegra poder anunciar los primeros premios de la historia del *Guinness World Records Gamer's Edition*. Nuestro equipo ha votado sus juegos, bandas sonoras, desarrolladores y streamers favoritos a modo de homenaje de lo mejor del mundo de los videojuegos del año pasado. Compara nuestra lista de las págs. 16-17 con el resumen de premios de las págs. 14-15.

Espero que disfrutes con nuestro top 100 de los mejores récords de videojuegos, ¡tanto como hemos disfrutado nosotros al crearlo! Y ¿quién sabe? Si lo que lees aquí te inspira y crees que puedes batir tu propio récord, ¡tal vez aparezcas en la próxima edición! ¡Buena suerte!

Thomas Marshall,
curador de récords de videojuegos

ESPECIALES

Empieza a explorar cada récord con el XP: Los datos básicos que necesitas saber de cada récord.

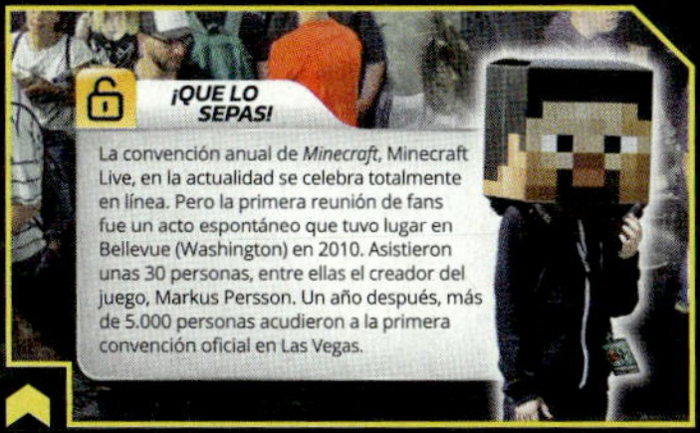

¡Que lo sepas!: Curiosidades que contextualizan los juegos que han batido el récord.

RNG: Destaca las cifras y los datos más increíbles para poner en perspectiva los récords.

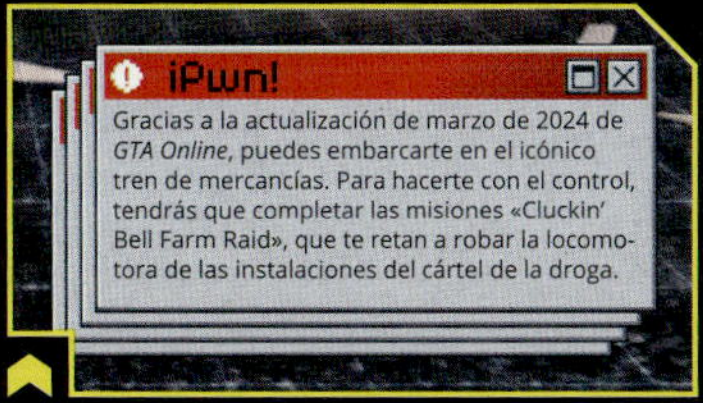

¡PWN!: Pistas y trucos para mejorar tu manera de jugar y tal vez ayudarte a batir un récord.

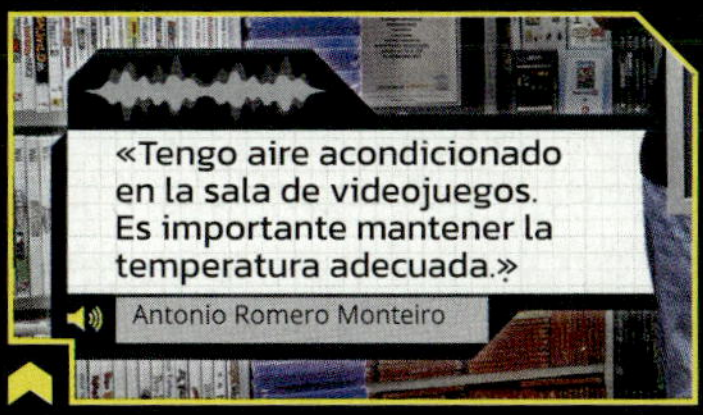

CITA: Lo que cuentan los titulares de los récords en sus propias palabras.

CÓMO BATIR UN RÉCORD

Tanto si eres un especialista en speed-runs, un profesional de los eSports, un coleccionista empedernido o un novato inspirado con ganas de dejar huella, seguro que hay un título de GWR que podría llevar tu nombre. Aquí te explicamos cómo puedes dejar constancia de tu récord de forma oficial. Si quieres intentarlo, escanea este código QR para obtener más información sobre cómo registrar tu solicitud. Si tienes éxito, ese certificado enmarcado pronto te convertirá en la envidia de tus amigos.

Inicio

1

Probablemente estés deseando empezar ahora mismo tu intento de batir un récord, pero antes debes hacer algunos pequeños pasos. Lo primero que tiene que hacer todo aquel que quiera batir un récord es visitar nuestra página web: **guinnessworldrecords.com**. Ve al apartado «Récords» para descubrir cómo funciona el proceso y cómo crear una cuenta. Es una tarea rápida que te abrirá un mundo de récords.

2

Echa un vistazo al *Gamer's Edition* (¡seguro que ya lo haces todos los días!). Tanto el libro como la página web te darán ideas sobre a qué récord puedes aspirar. Cuando te pongas en contacto con nosotros, dinos cuál te gustaría intentar batir y te enviaremos las pautas que debes seguir. No olvides que hemos dedicado dos páginas a récords especialmente pensados para jugadores menores de 16 años. Págs. 132-133.

3

¿No te ha llamado la atención ninguno de nuestros récords? Tal vez quieras hacer un intento en uno de los últimos juegos que se han puesto a la venta, o has pensado en algún desafío único en un juego antiguo que te encanta. En ese caso, ponte en contacto con nosotros y cuéntanos tu idea. Si nos gusta y se ajusta a nuestras normas, podemos ayudarte a darle forma y convertirla en un intento de récord en toda regla.

4

Los intentos oficiales de conseguir un título de GWR se asemejan mucho a una competición deportiva: tienes que entrenar mucho y con frecuencia para asegurarte de estar en plena forma para el gran día. Debes decirte: tengo que practicar, practicar y practicar. Una buena preparación es siempre una parte vital del éxito. Piensa en la recompensa que te espera y en lo orgulloso que te sentirás de ti mismo.

5

Cuando te sientas bien preparado, habrá llegado el momento de intentar batir el récord. Pero primero asegúrate de que tienes todo lo necesario para cumplir las pautas de GWR. Nadie quiere ver cómo todo su esfuerzo se echa a perder. Nos referimos a testigos, pruebas fotográficas/vídeos y todo lo que hayamos especificado para justificar que has batido ese récord. Quizá sea una buena idea hacer una lista para que no se te olvide nada.

6

Por último, envíanos todas tus pruebas. Lo revisaremos todo con detalle para asegurarnos de que se ajusta a las pautas. Si sigues las normas correctamente y bates el récord, ¡enhorabuena! Recibirás una confirmación por correo electrónico y, ¡tachán!, un certificado auténtico de GWR. ¡Ahora ya eres oficialmente increíble! ¡Bienvenido a la familia de Guinness World Records!

Final

RESUMEN ANUAL

PARTE 1

El año pasado ocurrieron cosas muy relevantes en el mundo de los videojuegos, desde grandes adquisiciones corporativas hasta estrenos de tráilers emblemáticos. Aquí tienes la mitad de la historia, pasa la página para ver la segunda parte.

BALDUR'S GATE 3 LO PETA

Este videojuego de rol épico, una fiel adaptación del juego de mesa de *Dungeons & Dragons*, vendió más de 10 millones de copias y recibió el premio a Juego del Año en las grandes ceremonias de entrega de premios (págs. 14-15). *Baldur's Gate 3* cautivó a jugadores y críticos por igual con su compleja historia y una serie de personajes magníficos, entre los que destacan el pícaro vampiro Astarion y el bárbaro tiefling Karlach.

MICROSOFT SE SALE CON LA SUYA

Una juez de San Francisco (USA) denegó la solicitud de la Comisión Federal de Comercio de una medida cautelar contra la adquisición de Microsoft por 69.000 millones de dólares de Activision Blizzard, productora de *Call of Duty*. La decisión de la juez Jacqueline Scott Corley allanó el camino para la mayor adquisición de la historia de la tecnología (pág. 56). La sentencia se produjo tras un juicio de cuatro días.

MARTINET YA NO ES MARIO

Nintendo confirmó que Charles Martinet (USA), el actor de doblaje original de Mario y de otros personajes desde 1991 (pág. 168), «dejará de poner voces de personajes en nuestros juegos». A pesar de esta noticia, Martinet ejerce ahora de «embajador de Mario». El juego exclusivo para la Switch *Super Mario Bros. Wonder* supuso el estreno del actor de doblaje Kevin Afghani (USA) como Mario, Luigi y Wario.

STARFIELD SE ADENTRA EN EL UNIVERSO

Tras varios retrasos, Bethesda por fin puso a la venta *Starfield*, el siguiente gran juego del equipo que desarrolló *Fallout* y *The Elder Scrolls*, para PC y Xbox. *Starfield* también pasó directamente al servicio de suscripción Game Pass. El juego tuvo un gran lanzamiento, con más de 12 millones de jugadores, lo que le aseguró un puesto entre los 10 títulos más jugados de los estudios Xbox.

NUEVA ERA PARA EL FÚTBOL

El lanzamiento de *EA Sports FC 24* ha sido el primer juego de fútbol de EA desde que la empresa finalizó el acuerdo de licencia de 30 años con la FIFA. *FC 24* incluía más de 19.000 jugadores, más de 700 equipos y decenas de ligas nacionales, como la Premier League y la Women's Super League inglesas, la MLS y la NWSL estadounidenses, y la Liga española.

SPIDEY CONTRA MARIO CONTRA SONIC

El viernes 20-10-2023 fue un gran día para los jugadores, ya que se produjeron dos grandes lanzamientos: *Marvel's Spider-Man 2* (Insomniac Games; pág. 21) y *Super Mario Bros. Wonder* (Nintendo; pág. 169). Pensemos en el pobre *Sonic Superstars*, que había salido tres días antes. Sega admitió que las ventas se vieron afectadas por la fuerza combinada de Mario y Spider-Man.

[PS] PORTAL A UN NUEVO MUNDO

Sony lanzó el PlayStation Portal, un reproductor de juegos portátil para la PS5 que transmite juegos desde una PS5 a través de wifi de forma remota. No es exactamente la PS Vita 2 que algunos esperaban, pero es un indicio, quizá, de hacia dónde puede dirigirse PlayStation en el futuro.

PRÓXIMO FILME DE *LEGEND OF ZELDA*

Tras años de especulaciones, Nintendo y Sony Pictures han anunciado una película de acción real de *Legend of Zelda*. Shigeru Miyamoto, de Nintendo, creador de *Mario*, *Zelda* y *Donkey Kong* entre otros, está trabajando en el largometraje con el productor cinematográfico Avi Arad, fundador y exdirector ejecutivo de Marvel Studios. Ve a la pág. 159.

LA FIEBRE POR *GTA* SE HACE VIRAL

Rockstar ha publicado el primer tráiler de *Grand Theft Auto VI*, el juego más esperado de 2025. El tráiler muestra a los dos protagonistas, Lucia y Jason (izquierda), y el escenario soleado del juego, inspirado en Miami, Florida. El tráiler batió récords de audiencia (pág. 92), y algunos analistas ya afirman que *GTA VI* podría convertirse en el mayor juego de todos los tiempos.

ADIÓS A LA E3

Después de 29 años, la Entertainment Software Association ha anunciado el fin de la popular convención de videojuegos E3. La primera edición, en 1995, sirvió para que Sony anunciara la PlayStation. La E3 ya se había saltado 2020 y celebró un evento solo en línea en 2021 debido a la pandemia de COVID-19, antes de que se cancelaran los eventos de 2022 y 2023.

RESUMEN ANUAL

PARTE 2

Continuando por donde lo habíamos dejado, nos encontramos con la esperada conquista de un clásico de los videojuegos, el fallecimiento de una leyenda del manga y un nuevo juego que está resultando tan controvertido como enormemente popular...

¿EL «*POKÉMON* CON ARMAS»?

Después de que su tráiler se hiciera viral en 2021, estaba claro que *Palworld* funcionaría. Aún así, el enorme éxito sorprendió incluso a sus desarrolladores, Pocket Pair. El juego lideró la lista de «juegos que se pueden jugar simultáneamente» de Steam (pág. 95), a pesar de un contratiempo inicial que impidió que muchísimos jugadores pudieran acceder a los servidores. Pero su éxito no ha estado exento de polémica. Algunos jugadores han acusado al estudio de «copiar» a *Pokémon* al crear a los pals.

EL CHICO QUE GANÓ AL *TETRIS*

Willis Gibson, de 13 años, fue el primero en «vencer» al *Tetris* de la NES al alcanzar la pantalla de la muerte (pág. 83). Gibson, alias «Blue Scuti», batió los récords mundiales de **número total de líneas**, **nivel alcanzado** y **puntuación total** al doblegar a este clásico de 35 años. Anteriormente, solo la IA lo había logrado. Los desarrolladores nunca pensaron que un humano podría llegar tan lejos.

SI NO LO VEO NO LO CREO

Apple Vision Pro salió a la venta en Estados Unidos por 3.499 dólares. El casco de realidad virtual permite la multitarea mediante ventanas que parecen flotar en el entorno del usuario, como en *Minority Report* (USA, 2002), una película protagonizada por Tom Cruise. Desde su lanzamiento, se ha visto a usuarios con el Apple Vision Pro paseando por la ciudad e incluso en un partido de baloncesto.

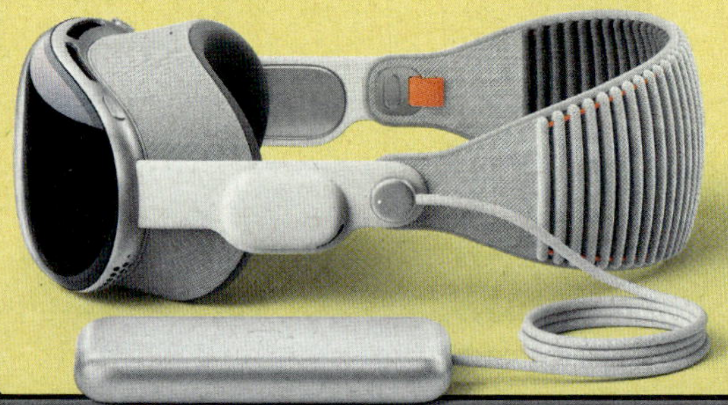

ACUERDO ÉPICO DE DISNEY CON EPIC GAMES

Disney invirtió 1.500 millones de dólares en Epic Games, desarrollador de *Fortnite*, y anunció planes para crear un universo social persistente que «interactúe» con el mayor battle royale del mundo. Esta expansión del metaverso permitirá a los fans jugar, ver y comprar con sus personajes favoritos de Disney, Pixar, Marvel y Star Wars. Ve a las págs. 162-163.

HELLDIVERS DISPARA LAS VENTAS

Disponible para PC y PS5, *HELLDIVERS 2* causó sensación. En el caótico shooter cooperativo de Arrowhead Game Studios, inspirado en la película de ciencia ficción de culto *Starship Troopers* (USA, 1997), los jugadores viajan a planetas alienígenas para luchar contra criaturas y robots terroríficos. *HELLDIVERS 2* se ha colocado en la lista de videojuegos más jugados de Steam y es, sin duda, el **mayor lanzamiento de un juego de Sony para PC**.

TORIYAMA, LEYENDA DEL MANGA

Akira Toriyama, el legendario creador del fenómeno manga *Dragon Ball*, falleció a los 68 años. Toriyama diseñó personajes para varios videojuegos, entre ellos *Dragon Quest*, *Chrono Trigger* y *Blue Dragon*. *Sand Land*, el juego basado en la serie de manga homónima de Toriyama, se lanzó el 25-04-2024.

ESTAMPIDA EN *STARDEW VALLEY*

Eric «ConcernedApe» Barone, desarrollador de *Stardew Valley*, lanzó la actualización 1.6 para la versión de PC del popular juego que simula la vida en una granja. El lanzamiento provocó una gran afluencia de jugadores en Steam, con más de 130.000 personas conectadas al mismo tiempo. Entre los cambios añadidos con el parche hay la posibilidad de beber mayonesa. ¡Qué asco!

POR FIN...

Capcom lanzó *Dragon's Dogma 2* unos 12 años después del primer juego. La espera valió la pena, ya que el título de rol de fantasía en continua expansión vendió la impresionante cifra de 2,5 millones de copias en solo 11 días. Los jugadores usaron el potente creador de personajes para recrear caras famosas de series como *Juego de tronos*, del filme *Dune: Parte dos* (USA, 2024) y del universo de Marvel.

RESUMEN DE PREMIOS

Baldur's Gate 3 ha arrasado en los premios de 2023 y 2024 con nada menos que seis galardones como mejor juego del año y muchos otros premios. Una variada lista de juegos recibió otros galardones en las principales ceremonias. Este es nuestro resumen de algunos de los premios más importantes entregados en los certámenes más prestigiosos durante el último año.

PREMIOS GOLDEN JOYSTICK
10-11-2023, Londres, Reino Unido

Premio	Ganador
Mejor Juego del Año	*Baldur's Gate 3* (Larian Studios)
Mejor Narrativa	Baldur's Gate 3
Mejor Juego Multijugador	*Mortal Kombat 1* (Warner Bros. Games)
Mejor Diseño Visual	*Baldur's Gate 3*
Mejor Expansión	*Cyberpunk 2077: Phantom Liberty* (CD Projekt Red)
Mejor Audio	*Final Fantasy XVI* (Square Enix)
Mejor Juego Independiente	*Sea of Stars* (Sabotage Studio)
Mejor Juego de RV	*Horizon Call of the Mountain* (Guerrilla/Firesprite)
Mejor Juego de Streaming	*Valorant* (Riot Games)
Mejor Juego en Curso	*No Man's Sky* (Hello Games)
Mejor Comunidad de Videojuegos	*Baldur's Gate 3*
Estudio del Año	Larian Studios
Mejor Interpretación Principal	Ben Starr como Clive Rosfield (*Final Fantasy XVI*)
Mejor Interpretación de Reparto	Neil Newbon como Astarion (*Baldur's Gate 3*)
Sorpresa del Año	*Cocoon* (Geometric Interactive)
Juego del Año para PC	*Baldur's Gate 3*
Mejor Hardware	PlayStation VR2
Juego del Año para PlayStation	*Resident Evil 4* (Capcom)
Juego del Año para Xbox	*Starfield* (Bethesda)
Juego del Año para Nintendo	*The Legend of Zelda: Tears of the Kingdom* (Nintendo)
Mejor Tráiler de un Juego	*Cyberpunk 2077: Phantom Liberty*
Premio al Más Esperado	*Final Fantasy VII Rebirth* (Square Enix)
Premio de la Crítica	*Alan Wake II* (Remedy Entertainment)

THE GAME AWARDS
07-12-2023, Los Ángeles, California, EE. UU.

Premio	Ganador
Juego del Año	*Baldur's Gate 3*
Mejor Dirección de Juego	*Alan Wake II*
Mejor Narrativa	*Alan Wake II*
Mejor Dirección Artística	*Alan Wake II*
Mejor Banda Sonora	*Final Fantasy XVI* (Masayoshi Soken)
Mejor Diseño de Sonido	*Hi-Fi Rush* (Tango Gameworks)
Mejor Interpretación	Neil Newbon como Astarion (*Baldur's Gate 3*)
Mejor Juego Independiente	*Sea of Stars*
Mejor Videojuego en Curso	*Cyberpunk 2077* (CD Projekt Red)
Mejor Juego para Móviles	*Honkai: Star Rail* (miHoYo)
Mejor Juego de eSports	*Valorant*
Mejor Jugador de eSports	Lee «Faker» Sang-Hyeok (T1)
Mejor Equipo de eSports	JD Gaming (*League of Legends*)

PREMIOS BAFTA DE JUEGOS
11-04-2024, Londres, Reino Unido

Premio	Ganador
Mejor Juego	*Baldur's Gate 3*
Elección de los Jugadores	*Baldur's Gate 3*
Mejor Música	*Baldur's Gate 3*
Mejor Narrativa	*Baldur's Gate 3*
Mejor Juego Británico	*Viewfinder* (Sad Owl Studios)
Mejor Animación	*Hi-Fi Rush*
Mejor Logro Artístico	*Alan Wake II*
Mejor Diseño de Videojuego	*Dave the Diver* (Mintrocket)
Mejor Logro en Sonido	*Alan Wake II*
Mejor Juego Multijugador	*Super Mario Bros. Wonder* (Nintendo)
Mejor Juego Familiar	*Super Mario Bros. Wonder*

LOS PREMIOS STEAM

02-01-2024, votados por los usuarios de Steam

Premio	Ganador
Juego del Año	*Baldur's Gate 3*
Juego del Año para VR	*Labyrinthine* (Valko Game Studios)
Con Amor y Dedicación	*Red Dead Redemption 2* (Rockstar)
Mejor con Amigos	*Lethal Company* (Zeekerss)
Estilo Visual Excepcional	*Atomic Heart* (Mundfish)
Jugabilidad Más Innovadora	*Starfield*
Mejor Juego que No Sabes Jugar	*Sifu* (Sloclap)
Mejor Banda Sonora	*The Last of Us Part I* (Naughty Dog)
Mejor Juego con Buena Trama	*Baldur's Gate 3*
Siéntate y Relájate	*Dave the Diver*
Mejor Juego en Steam Deck	*Hogwarts Legacy* (Avalanche Software)

PREMIOS D.I.C.E.

15-02-2024, Las Vegas, Nevada, EE. UU.

Premio	Ganador
Juego del Año	*Baldur's Gate 3*
Juego Online del Año	*Diablo IV* (Blizzard)
Juego para Móviles del Año	*What the Car?* (Triband)
Mejor Juego Independiente	*Cocoon* (Geometric Entertainment)
Mejor Juego de Realidad Virtual	*Asgard's Wrath 2* (Sanzaru Games)
Mejor Dirección	*Baldur's Gate 3*
Mejor Diseño	*Baldur's Gate 3*
Mejor Animación	*Marvel's Spider-Man 2* (Insomniac Games)
Mejor Dirección Artística	*Alan Wake II*
Mejor Personaje	Miles Morales (*Marvel's Spider-Man 2*)
Mejor Música Original	*Marvel's Spider-Man 2*

GAME DEVELOPERS CHOICE AWARDS

GAME DEVELOPERS CHOICE AWARDS

20-03-2024, San Francisco, California, EE. UU.

Premio	Ganador
Juego del Año	*Baldur's Gate 3*
Mejor Audio	*Hi-Fi Rush*
Mejor Juego Revelación	*Venba* (Visai Games)
Mejor Diseño	*Baldur's Gate 3*
Innovación	*The Legend of Zelda: Tears of the Kingdom*
Mejor Narrativa	*Baldur's Gate 3*
Mejor Tecnología	*The Legend of Zelda: Tears of the Kingdom*
Mejor Arte Visual	*Alan Wake II*
Premio del Público	*Baldur's Gate 3*
Trayectoria Profesional	Yoko Shimomura (compositor para varios juegos, entre ellos la serie de *Kingdom Hearts* y *Final Fantasy XV*)

INDEPENDENT GAMES FESTIVAL

PREMIOS DEL INDEPENDENT GAMES FESTIVAL

20-03-2024, San Francisco, California, EE. UU.

Premio	Ganador
Gran Premio Seumas McNally	*Venba*
Excelencia en Artes Visuales	*Phonopolis* (Amanita Design)
Excelencia en Audio	*Rhythm Doctor* (7th Beat Games)
Excelencia en Diseño	*Cryptmaster* (Paul Hart, Lee Williams, Akupara Games)
Excelencia en Narrativa	*Mediterranea Inferno* (Eyeguys, Lorenzo Redaelli)
Premio Nuovo	*Anthology of the Killer* (Thecatamites, Tommy Tone, A. Degen)
Mejor Videojuego de Estudiantes	*Once Upon a Jester* (Bonte Avond)
Premio del Público	*RAM: Random Access Mayhem* (Xylem Studios)
Premio alt.ctrl.GDC	*Chú Mó* (The Chú Mó Team@ArtCenter)

PREMIOS DEL GWR

Por primera vez, celebramos lo mejor del mundo de los videojuegos con los premios del *GWR Gamer's Edition*, seleccionados por el equipo de nuestra sede de videojuegos. Los finalistas nominados aparecen debajo de cada ganador.

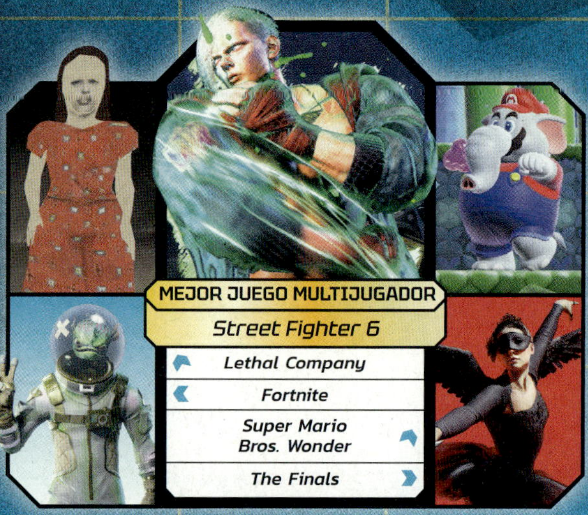

MEJOR JUEGO MULTIJUGADOR
Street Fighter 6

- *Lethal Company*
- *Fortnite*
- *Super Mario Bros. Wonder*
- *The Finals*

MEJOR JUEGO PARA UN JUGADOR
Baldur's Gate 3

- *The Legend of Zelda: Tears of the Kingdom*
- *Marvel's Spider-Man 2*
- *Alan Wake II*
- *Resident Evil 4*

MEJOR NARRATIVA
Baldur's Gate 3

- *Alan Wake II*
- *Cyberpunk 2077: Phantom Liberty*
- *Final Fantasy XVI*
- *Marvel's Spider-Man 2*

MEJOR MÚSICA
Final Fantasy XVI

- *Baldur's Gate 3*
- *Hi-Fi Rush*
- *Cyberpunk 2077: Phantom Liberty*
- *Alan Wake II*

ACCESIBILIDAD EN UN JUEGO
Marvel's Spider-Man 2

- *Street Fighter 6*
- *Forza Horizon 5*
- *Hi-Fi Rush*
- *Mortal Kombat 1*

PERSONAJE DE VIDEOJUEGO DEL AÑO
Astarion (*Baldur's Gate 3*)

- Shadowheart (*Baldur's Gate 3*)
- Karlach (*Baldur's Gate 3*)
- Miles Morales (*Marvel's Spider-Man 2*)
- Lorath (*Diablo IV*)

STREAMER DEL AÑO

«Valkyrae»

- «grumpygran1948»
- «Shroud»
- «MoistCr1TiKaL»
- «Pokimane»

ESTUDIO DEL AÑO

Larian Studios

- Nintendo
- Insomniac Games
- Capcom
- Remedy Entertainment

HARDWARE DEL AÑO

Steam Deck

- Nintendo Switch
- Xbox Series S
- Xbox Series X
- PlayStation 5

JUEGO DEL AÑO

Baldur's Gate 3

- Street Fighter 6
- The Legend of Zelda: Tears of the Kingdom
- Marvel's Spider-Man 2
- Super Mario Bros. Wonder

100 Primer perro con un récord de speed-run

Peanut Butter

XP

Nombre: Peanut Butter, alias «PB»
Nacimiento: julio, 2020
Raza: Shiba Inu

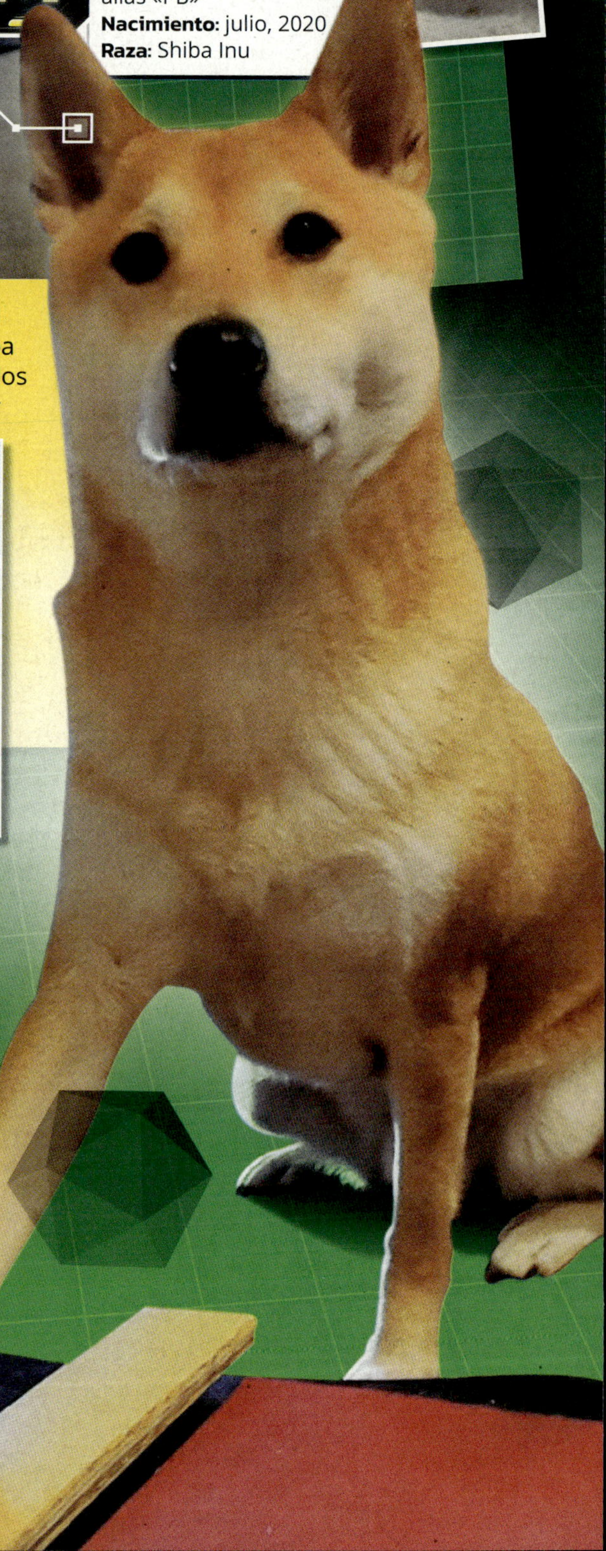

Durante años, la idea de que un perro batiera un récord de speed-run era impensable. Pero la proeza de un Shiba Inu de cuatro años ha puesto patas arriba el mundo de los videojuegos. Con la ayuda de su dueño, el speed-runner «JSR_», Peanut Butter terminó el juego de plataformas y lógica de Nintendo *Gyromite* (1985) en 23 min y 9 s en enero de 2024. Su dueño declaró a *GWR*: «PB batió su propio récord anoche con una carrera casi PERFECTA». Y también recaudó dinero para obras benéficas. ¡Buen chico!

¡QUE LO SEPAS!

Gyromite se basa en dar instrucciones a un accesorio robótico llamado *ROB* de manera que pulse los botones correctos del mando. Para llevar a cabo su speed-run canino, PB tocó con las patas los botones gigantes y personalizados que su dueño había fabricado. Para motivarlo, recibía su comida favorita: tiras de queso.

XP

Nombre: Reinhardt
Creador: Thomas DePetrillo
Lanzamiento: 7-10-2016

Disfraz de cosplay de videojuego más alto

99

Reinhardt, de Thomas DePetrillo

Si crees que Reinhardt, el caballero alemán errante de *Overwatch*, es una figura intimidante en la pantalla, ¡imagínate lo aterrador que sería verlo en la vida real! El cosplayer Thomas DePetrillo, con su armadura de Reinhardt de 2,54 m de altura, hizo esa imagen realidad ante los visitantes de la Comic-Con que se celebró en octubre de 2016, en Nueva York. «Siempre me ha atraído el aspecto increíblemente agresivo de Reinhardt», declaró DePetrillo, propietario de Extreme Costumes (abajo).

La ayudante de cosplay de Thomas, «Qi Ma» (alias de Quin Mae).

Reinhardt, el «tanque» blindado de *Overwatch* que empuña martillos-cohete.

R N G

38,5

Peso del traje en kilos. Thomas, que ha dotado a la vestimenta de 13,7 m de luces, tarda entre 10 y 12 min en ponérselo.

Grandes logros

Reinhardt no es la única creación de Thomas (derecha) que cautivó al público de la Comic-Con de Nueva York. A la izquierda, vemos a su Hulkbuster de 243 cm de *Vengadores: la era de Ultrón* (USA, 2015). A la derecha, el héroe autobot Bumblebee de las películas de la saga *Transformers*: con 2,89 m, es el **disfraz de cosplay móvil más alto del mundo**.

98 Victorias en la LEC

Rasmus «Caps» Borregaard Winther

XP

Equipo: G2 Esports
Nacimiento: 17-11-1999
Nacionalidad: danesa

La LEC es la *League of Legends* EMEA Championship, una liga profesional de eSports de *LoL* que organiza Riot Games desde 2013. El evento empezó celebrándose solo en Europa, pero desde 2023 abarca también Oriente Medio y África (es decir, la región EMEA). La LEC se celebraba anualmente en primavera y verano hasta 2023, cuando se añadió al calendario una competición de invierno. A fecha de 17-04-2024, «Caps» (DNK) había conseguido 12 títulos, lo que lo convierte en el jugador más premiado del torneo. Su equipo, G2, ha ganado 14 títulos —el doble que su competidor más cercano, Fnatic—, lo que le otorga el **mayor número de victorias por equipos de la LEC**.

G2 celebra la victoria de 2024 en la LEC de invierno.

RNG

1

Número de equipos de fuera de Asia que han ganado el torneo Mid-Season Invitational de *LoL*. G2 se llevó el título en 2019. A fecha de abril de 2024, los otros cuatro campeones eran todos equipos asiáticos.

> «Me siento orgulloso de ser el jugador que más trofeos ha ganado y, por ahora, no pienso bajar el ritmo.»

Caps sobre sus futuros planes

En el pasado, Caps fue miembro del equipo Fnatic.

Juegos de *Spider-Man* más valorados por la crítica

1	*Marvel's Spider-Man* (2023)	90
=2	*Marvel's Spider-Man* (2018)	87
=2	*Marvel's Spider-Man Remastered* (2022)	87
=2	*Spider-Man* (2000)	87
=5	*Marvel's Spider-Man: Miles Morales* (2020)	85
=5	*Spider-Man Total Mayhem* (2010)	85

Metacritic, a fecha de 24-04-2024.

XP

Fecha: 2023
Desarrollador: Insomniac Games
Distribuidor: Sony Interactive Entertainment

RNG

14

Número de barrios de Nueva York que puedes visitar en el juego. La acción se centra en Manhattan, pero también incluye zonas de Queens y Brooklyn.

Exclusivo para la PS5

97

Marvel's Spider-Man 2

Con la aparición de *Marvel's Spider-Man 2* (2023) y *Marvel's Spider-Man* (2018) se pudo disfrutar de una doble ración de aventuras del trepamuros más conocido de Nueva York. Los dos títulos son ahora los juegos exclusivos para la PS4 y la PS5 más vendidos (pág. 32). *Marvel's Spider-Man 2* vendió 2,5 millones de copias el 20-10-2023, el primer día que se puso a la venta. Esa cifra se había duplicado al cabo de 11 días, y Sony confirmó que se habían alcanzado los 10 millones el 14-02-2024. *Spider-Man: Miles Morales* (2020), una expansión del original, añadió aún más millones al total.

96 Videojuego más visto en Twitch

League of Legends

El MOBA de Riot Games había sido visto 65.410 millones de veces a fecha de 21-11-2023. Esto lo convierte en el juego más popular del **famoso servicio de transmisiones en directo centrado en los videojuegos**. Millones de personas iniciaron sesión para el Worlds 2023, un campeonato de 22 equipos de cinco semanas de duración que ganó el equipo surcoreano T1, llevándose 445.000 dólares de premio (págs. 114-115).

RNG

40

Número de campeones controlados por un jugador en el elenco original de 2009 de *League*. Hoy día hay 168, cada uno con su propio set de habilidades.

XP

Fecha: 2009
Desarrollador: Riot Games
Distribuidor: Riot Games

Más espectadores simultáneos de un juego en Twitch

LoL es también el título en solitario más popular en Twitch en cuanto a *audiencia* máxima, con un récord de 3,11 millones de fans conectados para ver la final del Worlds el 06-11-2022. Estas cifras solo las superan eventos especiales, como *La Velada del Año 3*, organizada por Ibai Llanos (derecha); ver la comparación en la pág. 89.

Más Golden Joysticks ganados en un año

95

Más Golden Joystick ganados

El juego que más Golden Joysticks ha ganado es *The Witcher 3: Wild Hunt* (CD Projekt RED, 2015), que se llevó 11 galardones entre 2013 y 2016. Son dos premios al «Juego más esperado», cinco trofeos de las categorías principales en 2015 y cuatro premios en 2016 por su última expansión, *Blood and Wine*.

Baldur's Gate 3

Los premios anuales Golden Joystick Awards se celebran en el Reino Unido desde 1983. El juego más laureado de su historia es la tercera entrega de la serie de *Baldur's Gate* de Larian, basada en el universo de *Dungeons & Dragons*, con siete premios en 2023.

XP

Fecha: 2023
Desarrollador: Larian Studios
Distribuidor: Larian Studios

¡Pwn!

¿Quieres charlar con los animales salvajes de Faerûn? Pues lánzate el hechizo de «Hablar con animales». Te permitirá dialogar con animales no hostiles: aprenderás mucho y te divertirás un montón.

94 MMO con más ventas

World of Warcraft

El juego de rol multijugador masivo en línea de Blizzard que definió el género celebra su 20.º aniversario en noviembre de 2024. En las últimas dos décadas, *WoW* ha visto pasar decenas de rivales y ha registrado ventas de más de 40,6 millones de copias, incluidas sus varias expansiones. Este total incluye *Shadowlands*, de 2020, pero las cifras del título más reciente, *Dragonflight* (2022, abajo), aún no se han publicado.

XP

Fecha: 2004
Desarrollador: Blizzard Entertainment
Distribuidor: Blizzard Entertainment

Maratón más larga jugando a *WoW*

Echando mano de más de una década de batallas por las tierras salvajes de Azeroth, el jugador húngaro Barnabás Vujity-Zsolnay aguantó una impresionante sesión de *Warcraft* de 59 h, 20 min y 12 s. Completó su hazaña en su casa, en Budapest, el 28-09-2022.

¡QUE LO SEPAS!

Con una recaudación mundial de 438.899.824 dólares, la versión del juego para la gran pantalla, *Warcraft* (2016), se coronó como la **película más taquillera basada en un videojuego**. Y lo fue durante siete años. Hicieron falta un fontanero y sus aventuras en *The Super Mario Bros.: la película* (2023) para desbancar a los orcos y los troles. En las págs. 68-69 repasamos las opiniones de los cinéfilos sobre las películas basadas en videojuegos.

Mayor rapidez en completar *Sonic the Hedgehog 2*

El 25-09-2023, el speed-runner «eandis» batió un nuevo récord en la secuela de 1992 de *Sonic*. Después de un tira y afloja con «JoeyBaby69», «eandis» superó la marca de 13 min y luego la bajó a 12 min y 43 s. El título tiene más de 30 años, pero este erizo veterano sigue dando mucho juego.

XP

Fecha: 1993-2016
Distribuidor: Archie Comics
Números: 290

Personaje de cómic basado en un juego

93

Sonic the Hedgehog

El borrón azul tiene versión cómic desde noviembre de 1992 como mínimo, donde aparecía en una miniserie publicada por Archie Comics (USA). En julio de 1993, le siguió la serie completa de *Sonic the Hedgehog*, de la cual se publicaron 290 números hasta diciembre de 2016. Aunque la serie se canceló, otra empresa estadounidense, IDW Publishing, recuperó la licencia y, desde el 04-04-2018 ha sacado un número mensual con el mismo título. El artista Tyson Hesse, que ha trabajado en ambas series, también animó escenas cinemáticas para los juegos *Sonic Mania* (2017) y *Sonic Origins* (2022), además de ser responsable del aspecto de nuestro erizo azul favorito en la gran pantalla (págs. 68-69).

¡Pwn!

La convención Summer of Sonic comenzó el 09-08-2008 en Londres y fue el **primer evento oficial para fans de un personaje de videojuego**. Con su presentación en 2016, este imán para artistas, músicos y cosplayers amantes de Sonic se convirtió en la **convención con más trayectoria para fans de un personaje**.

92

Más trofeos ganados de PlayStation

ikemenzi

El jugador japonés Kenji «ikemenzi» Ito había ganado la enorme cifra de 287.668 trofeos de PlayStation a fecha de 04-01-2024, una media de 73,73 al día. Eso lo colocó a una distancia de 23.740 de su contrincante más cercano.

También ostenta récords por ganar el **mayor número de trofeos de bronce** (139.410). Previamente había batido los récords por el **mayor número de trofeos de oro, de plata** y **de platino**, hoy en manos de «dav1d_123» (CAN) con 81.174 (oro), 67.409 (plata) y 10.123 (platino).

Tabla de récords de trofeos de la PS

Jugador	Trofeos
ikemenzi (JPN)	287.668
dav1d_123 (CAN)	264.823
caro3c-gabber9 (FRA)	253.725
tusman (CHE)	248.543
MarCCeoN (AUT)	245.454

PSNProfiles.com, a fecha de 04-01-2024.

¡Pwn!

Como todo jugador de la PlayStation sabe, hay trofeos de platino más fáciles de ganar que otros. Una de las maneras menos difíciles es completando *SpongeBob SquarePants: Battle for Bikini Bottom – Rehydrated* (Purple Lamp Studios, 2020). ¡Únicamente requiere 15 h y es muy divertido de jugar! Hay 33 trofeos en total.

XP

Alias: Ikemenzi
Juegos jugados: 18.513
Puesto mundial: 1

RNG

18.513

Número de partidas de PlayStation que ha jugado «ikemenzi». Ha ganado 723 trofeos ultrarraros y 2.039 muy raros.

Juego de estrategia para PC más vendido

StarCraft (Blizzard, 1998), un juego de estrategia a tiempo real de duradera popularidad, ha vendido más de 11 millones de copias. Sus tres facciones equilibradas y su compleja jugabilidad lo han hecho merecedor de una entregada comunidad del modo multijugador. Hoy día, sigue siendo un imprescindible en los eventos de eSports.

Jugadora de eSports mejor pagada

91

Sasha «Scarlett» Hostyn

XP

Alias: Scarlett
Apodo: Reina de las Espadas
Equipo: Shopify Rebellion

Sasha «Scarlett» Hostyn (CAN) había ganado 465.550 dólares en premios a fecha de 12-04-2024, según Esports Earnings. Las victorias proceden casi exclusivamente de *StarCraft II: Wings of Liberty* (Blizzard, 2010), aunque «Scarlett» ha jugado en algunos eventos de *StarCraft: Remastered* (Blizzard, 2017). Su mayor premio, de 50.000 dólares, se lo llevó en 2018, cuando ganó la Intel Extreme Masters (izquierda), una competición internacional de *StarCraft II* asociada a los Juegos Olímpicos. (En la pág. 60 descubrirás quién es el **jugador de eSports mejor pagado de todos**.)

Jugadoras de eSports mejor pagadas

Jugadora	Ingresos
Sasha «Scarlett» Hostyn (CAN)	465.550 dólares
Xiao Meng «Liooon» Li (CHN)	241.510 dólares
Ksenia «vilga» Klyuenkova (RUS)	122.693 dólares
Katherine «Mystik» Gunn (USA)	122.550 dólares
Julia «juliano» Kiran (SWE)	96.304 dólares

EsportsEarnings.com, a fecha de 4-1-2024.

Jugadora de eSports más influyente

The New Yorker dijo que «Scarlett» es «la mujer más destacada de los eSports», y *Forbes* la puso en el número 24 en su lista de «mujeres más poderosas en los deportes internacionales», es decir, ¡no solo de los eSports sino de *todos* los deportes! «Scarlett» se lo toma todo con filosofía. «Para mí, el éxito consiste sobre todo en ser feliz», dijo.

90 Mayor equipo de eSports para gente con discapacidad

Permastunned Gaming

XP

Fundado: 2019
Miembros: 37
X: PermastunnedG

PERMASTUNNED

En enero de 2019, el streamer Alexander Nathan (NLD) se dispuso a crear un equipo de *Dota 2* para gente con alguna discapacidad como él. En pocos días, Nathan tenía los cuatro compañeros de equipos que buscaba. Cinco años después, ese equipo de *Dota 2* se ha convertido en un colectivo de eSports de 37 miembros «hecho de jugadores con discapacidades para jugadores con discapacidades». Además de competir en torneos tan variados como *Counter-Strike: Global Offensive* (Valve, 2012), *Call of Duty* (Activision, 2003) y *Tekken* (Bandai Namco, 1994), Permastunned apoya a unos 400 millones de jugadores con discapacidad en todo el mundo.

«Siempre me ha preocupado que la gente con alguna discapacidad esté infrarrepresentada en el panorama profesional de *Dota 2*.»

«Cristal1337», alias de Alexander Nathan.

Juego sin versión de móvil más rápido en crecer

89

Próximo lanzamiento

El 21-03-2024, dos años después de anunciarlo, Activision lanzó *Call of Duty: Warzone Mobile*. Más de 50 millones de personas se preregistraron para este FPS gratuito tan esperado que utiliza el mapa de Verdank, uno de los favoritos de los fans. El modo «battle royale» permite hasta 120 jugadores (100 en la consola original y en la versión para PC).

Call of Duty: Warzone

Tres días después de su lanzamiento, el 10-03-2020, el battle royale gratuito de Activision había reunido a más de 15 millones de jugadores. Estos, conocidos como operadores en el juego, no dejan escapar la ocasión de tomar las armas. *Warzone* fue dejando atrás a sus rivales y superó los 50 millones de descargas en el primer mes y los 100 millones en abril de 2021. Para muchos, fue el juego de referencia durante los confinamientos por la COVID-19.

RNG

17

Más bajas en una partida de *CoD: Warzone* utilizando un joystick Quadstick, controlado con la boca, provocadas por «RockyNoHands», alias de Rocky Stoutenburgh (USA), a fecha de 18-11-2020.

XP

Fecha: 2020
Desarrollador: Raven Software/ Infinity Ward
Distribuidor: Activision

88 Más jugadores a la vez en Steam

PUBG: Battlegrounds

El épico battle royale *PUBG: Battlegrounds* registró un máximo histórico de 3.257.248 jugadores simultáneos el 13-01-2018. Desde entonces, ni *PUBG* ni otro juego han conseguido alcanzar esta elevada cifra en la plataforma del juego para PC, según la web de seguimiento SteamDB. El 09-09-2018, *PUBG* se convirtió en el **primer juego de Steam en mantener 1 millón de jugadores simultáneos durante un año entero**.

¡QUE LO SEPAS!

- «PlayerUnknown» era el alias del jugador irlandés Brendan Greene, el creador del juego.
- El distribuidor Krafton decidió cambiar el título del juego, *PlayerUnknown's Battlegrounds*, por *PUBG: Battlegrounds* en 2021.
- La frase del juego «Winner Winner Chicken Dinner» («A ganar, a ganar, pollo para cenar») se originó entre los tahúres de los años treinta.

R N G

2.279.084

Número de jugadores simultáneos de *PUBG: Battlegrounds* en octubre de 2017, convirtiéndolo en el **primer juego que alcanzó 2 millones de jugadores simultáneos en Steam.**

XP

Fecha: 2017
Desarrollador: PUBG Studios
Distribuidor: Krafton

Todos a bordo de Steam

PUBG supera a competidores formidables en Steam. El segundo juego con más jugadores simultáneos a fecha de febrero de 2024 es un título nuevo: *Palworld* (Pocketpair, 2023, ver en las págs. 66 y 95), con una cifra máxima de 2,1 millones de jugadores. Le siguen el juego de disparos en primera persona *Counter-Strike 2* (Valve, 2023, arriba a la derecha) con 1,8 millones, el juego de rol y acción *Lost Ark* (Smilegate/Tripod Studio, 2019, izquierda) con 1,3 millones y el imprescindible MOBA *Dota 2* (Valve, 2013, derecha) con 1,2 millones. El único otro juego que sobrepasa el millón es *Cyberpunk 2077* (CD Projekt Red, 2020), con 1.054.388 jugadores simultáneos.

XP

Objetos: 3.050
Lugar: España
Valor estimado:
300.000 €

Mayor colección de objetos de *Tomb Raider*

87

Rodrigo Martín Santos

Cuando en 1996 salió el primer juego de Lara Croft (*Tomb Raider*, Core Design), un niño español de nueve años se convirtió en un gran fan y pronto empezó a coleccionar objetos relacionados. Dos décadas después, la colección de Rodrigo había crecido tanto (3.050 objetos distintos, según un recuento oficial) que tuvo que dividirla entre Madrid y Tenerife. Entre sus posesiones más preciadas hay una chaqueta que llevó Angelina Jolie en la película de 2001, *Lara Croft: Tomb Raider*. «Esta aventura me ha cambiado la vida —dice Rodrigo—. He podido viajar por todo el mundo».

Mayor colección de objetos de *Sonic*

Barry Evans (USA) también tiene 3.050 objetos, pero de *Sonic the Hedgehog*. Tras 30 años de coleccionismo, los objetos relacionados con el borrón azul ocupan una sala que Barry ha ambientado como «Yesterdays», su máquina recreativa favorita cuando era niño. Su primer objeto fue un dispensador de chicles de Sonic.

Supercoleccionistas

Videojuego	Objetos	Coleccionista
Digimon (izquierda)	24.331	Ng Tze Ying (CHN)
Super Mario	5.441	Mitsugu Kikai (JPN)
Skylanders (derecha)	4.100	Christopher Desaliza (USA)
Final Fantasy	3.782	Tai-Ting Tseng (CHN)
Sonic the Hedgehog	3.050	Barry Evans (USA, izquierda)
Street Fighter (abajo)	2.723	Clarence Lim (CAN)
Silent Hill	342	Whitney Chavis (USA)

86 Juego para la PS4

Marvel's Spider-Man

El héroe lanzatelarañas se enfrenta a Mister Negative y a Doctor Octopus en esta historia original ambientada en un Manhattan ficticio. El juego de acción y aventuras de mundo abierto en tercera persona desarrollado por Insomniac vendió 3,3 millones de copias en los tres primeros días de su lanzamiento, en 2018. En 2020, la cifra superaba los 20 millones de unidades, impulsando el juego a la cima de la tabla de títulos disponibles solo para la PS4.

XP

Fecha: 2018
Desarrollador: Insomniac Games
Distribuidor: Sony Interactive Entertainment

R N G

2.500.000

Copias vendidas de *Marvel's Spider-Man 2* (2023) para la PS5 el día del lanzamiento. ¡La cifra se duplicó y alcanzó los 5 millones solo 10 días después!

Los 5 títulos exclusivos para PS4 que más rápido se vendieron los primeros tres días	
The Last of Us Part II (2020, der.)	4,0 millones
Final Fantasy VII Remake (2020)	3,5 millones
Marvel's Spider-Man (2018)	3,3 millones
God of War (2018, arriba)	3,1 millones
Ghost of Tsushima (2020)	2,4 millones

Resultados del T2 de Sony Group Corporation, 09-11-2023

La máquina de Thomas: 17 veces más grande que la original.

Consola más grande de Game & Watch

85

Thomas Tilley

Esta versión de la consola portátil original de Nintendo mide 1,93 m de ancho, 1,16 m de alto y 0,14 m de fondo. La construyó el doctor Thomas Tilley, un informático teórico australiano que presentó su creación en el Maker Faire de Adelaida, Australia, el 05-11-2017. En su Game & Watch puede jugarse al título *Octopus* (también conocido como *Mysteries of the Sea* o *Mysteries of the Deep*). El objetivo es recuperar un tesoro de un barco hundido mientras se esquiva a un pulpo malvado. De la versión original de la máquina, lanzada en julio de 1981, se vendieron más de 1 millón de unidades. En la pág. 44 encontrarás más información de la *G&W*.

R N G

43,4 millones

Cantidad de máquinas Game & Watch de Nintendo vendidas en todo el mundo durante su periodo de producción de 1980-1991. Unos 12,87 millones se vendieron solo en Japón.

Thomas en la piel del personaje. En el juego hay buzos que buscan el tesoro escondido.

XP

Fecha: 2017
Altura: 1,93 m
Lugar: Adelaida, Australia

¡La G&W gigante está hecha con un gran televisor LCD, madera y cortinas viejas!

84

Mayor bote de un juego para móvil

Honor of Kings International Championship (KIC)

El trepidante MOBA desarrollado por Tencent *Honor of Kings* nunca ha destacado en occidente (donde se conoce como *Arena of Valor*). No obstante, en China y en Asia oriental, el juego es un fenómeno cultural que cuenta con decenas de millones de jugadores diarios.

Su popularidad convierte *Honor of Kings* en un filón para los jugadores profesionales de los eSports, que se enfrentan en el torneo anual Kings International Championship. Desde 2022, el premio acumulado es de 69 millones de yuanes chinos (89,2 MEUR). La final del KIC de 2023 la ganó «AG Super Play» (CHN), y se llevó 20 millones de yuanes (25,77 MEUR).

XP

Fecha: 2022/2023
Organizadores: Level Infinite, VSPO

Honor of Kings ha proporcionado grandes ganancias a Tencent, con ingresos que hoy se estiman superiores a los 10.000 millones de dólares. La inclusión de personajes históricos y del folclore chinos ha sido un factor decisivo del éxito. Pero Tencent ha tenido que hacer frente a críticas por las libertades que se tomó a la hora de transformar figuras de la historia en héroes mágicos. Por ejemplo, convirtió al explorador medieval Marco Polo en un pistolero con sombrero de copa y chaleco, con habilidades como el «Gorgeous Revolver» y el «Fever Barrage».

R N G

6.460.909

Espectadores de la transmisión en directo más vista de *Honor of Kings*, de Sao Bai (CHN) en Hangzhou, China, el 10-01-2023.

Juego musical más vendido

83

Guitar Hero III: Legends of Rock

Basándose en el éxito arrollador de los primeros dos videojuegos de *Guitar Hero, Legends of Rock* superó todas las expectativas, con más canciones, más modos de juego y un montón de cameos de grandes guitarristas *shredders*. Encabezó las listas, con más de 16 millones de copias vendidas entre las versiones de la PS2, la PS3, la Wii y la Xbox 360. Patrick Young (USA) hizo historia en febrero de 2012 al realizar la **maratón más larga jugando a una partida de *Guitar Hero***, machacándose los dedos durante 72 h y 17 min.

¡QUE LO SEPAS!

Con *Guitar Hero III*, el género de videojuegos musicales con instrumento tocó techo; puede que solo lo conozcas por alguna guitarra de plástico polvorienta que hayas visto arrinconada. Entre esta serie y su competencia, *Rock Band*, salieron a la venta un total de 24 juegos musicales con instrumento entre 2007 y 2010, antes de que los jugadores se cansaran de la idea.

Primer juego en ganar 1.000 millones de dólares

Guitar Hero III: Legends of Rock batió otro récord en la Navidad de 2008. Ayudado en parte por el elevado coste de los accesorios del juego, se convirtió en el primer título que rompió la barrera de los 1.000 millones de dólares en ventas. Este éxito también se extendió a los artistas que aparecen en el juego: muchos recibieron un inesperado aumento de interés, y algunos incluso afirmaron que las ventas de su música ¡habían crecido un 800 %!

XP

Fecha: 2007
Desarrollador: Neversoft
Distribuidor: Activision

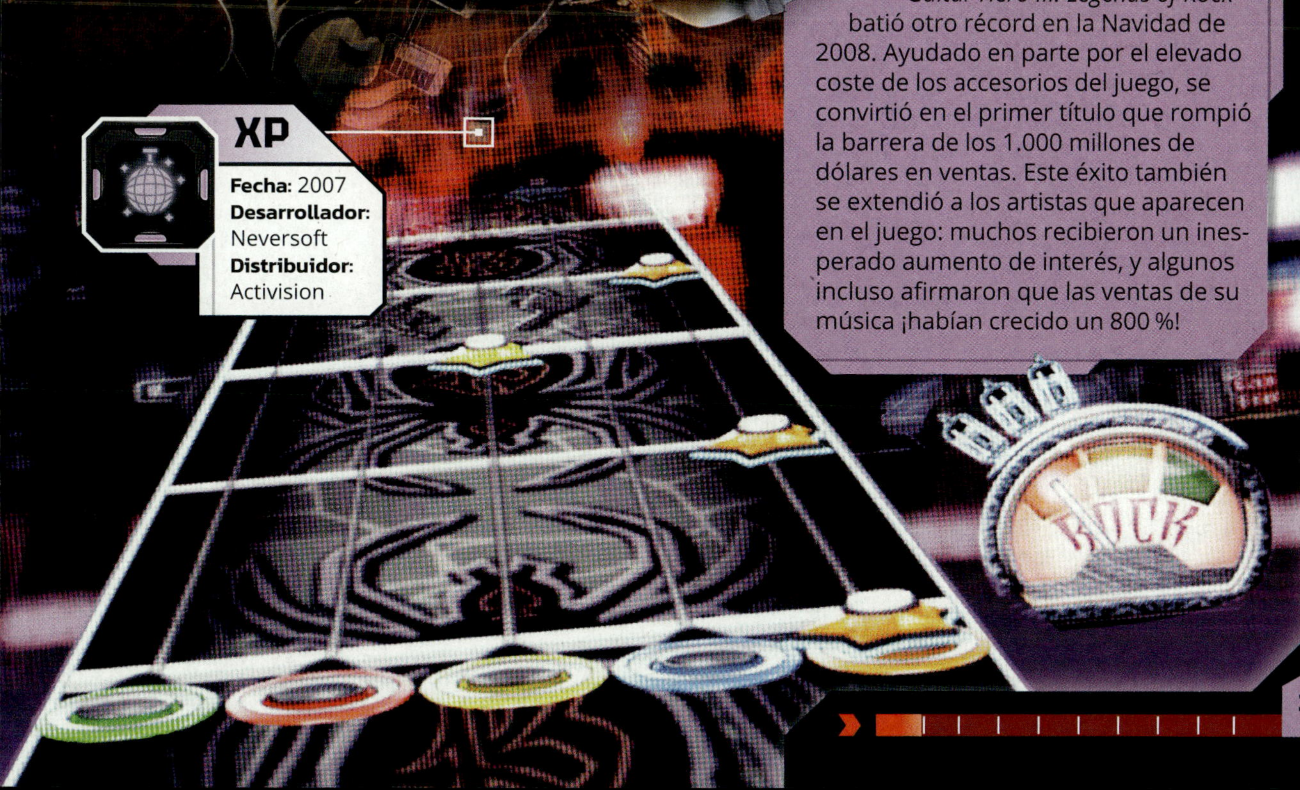

LEGO BLOCKBUSTERS

TOP 10

Los sets de LEGO® más grandes disponibles en tiendas basados en videojuegos

¡Deja el mando y usa las manos! Disfruta con los 10 sets oficiales de LEGO más grandes basados en videojuegos, disponibles desde enero de 2023 (salvo sets de expansión).

10 Desafío de looping de Green Hill Zone, de Sonic

Inspirado en el primer nivel del debut de Sonic, de 1991, este set recrea el recorrido del borrón azul por el looping en su misión de frustrar el malvado plan del Dr Eggman para capturar a los animales.

Set #: 76994
Piezas: 802

9 Fortaleza del gólem de hierro

Ayuda al Caballero Dorado y al Caballero Cristal a defenderse de los potenciales invasores construyendo una fortaleza impenetrable. Después, puedes transformar este set en un imponente gólem con enormes brazos móviles.

Set #: 21250
Piezas: 868

8 Sonic the Hedgehog – Green Hill Zone

Set #: 21331
Piezas: 1125

LEGO revisita la escena de *Sonic* que ocupa el número 10 de esta lista, pero ahora con un set para mayores de 18 años. Tiene casi un 50 % más de piezas.

7 Horizon Forbidden West: Cuellilargo

En su versión LEGO, la emblemática máquina de comunicación de la secuela de 2022 de *Horizon Zero Dawn* mide más de 34 cm de alto. Con sus largas patas y su cuello aún más largo, eclipsa totalmente la minifigura de Aloy.

Set #: 76989
Piezas: 1.222

6 El Pueblo-Llama

Nuestra segunda visita a una comunidad de *Minecraft* ofrece un complejo edificio lleno de personajes. Incluye un caballero, un pastor, un saqueador... y una llama que escupe, formada por seis módulos personalizables.

Set #: 21188
Piezas: 1.252

5 Bloque Interrogación de Super Mario 64

Al abrirlo, este cubo hecho con piezas de LEGO revela varios niveles de *Super Mario 64* (1996). Encontrarás el Campo de los Bom-ombs y la Tierra de Fuego, y algunas caras familiares: Mario, Yoshi, la princesa Peach...

Set #: 71395
Piezas: 2.064

4 Atari 2600

Una réplica de la **consola de 2.ª generación más vendida** (con 27,64 millones de ventas). Viene con un joystick, tres cartuchos de videojuegos (*Asteroids*, *Adventure* y *Centipede*) y tres escenas del juego para montar.

Set #: 10306
Piezas: 2.532

3 Nintendo Entertainment System (NES)

Entre 1985 y 2003, se vendieron más de 61,91 millones de unidades de la **consola de 3.ª generación más vendida**. Su versión LEGO viene con un televisor retro de los años ochenta. Un Mario de 8 bits se desplaza en un paisaje que puede moverse con una manivela lateral.

Set #: 71374
Piezas: 2.646

2 Máquina de PAC- MAN

Esta reproducción LEGO de la **máquina recreativa más vendida** (unas 400.000 unidades) recrea un clásico de los aparatos accionados con monedas. Incluye un laberinto mecánico, manejable con una manivela lateral, para simular el juego.

Set #: 10323
Piezas: 2.651

1 El Poderoso Bowser

Con 32 cm de altura, el rey de los Koopas, lanzado en 2022, se cierne sobre el Reino Champiñón. El jefe de Super Mario puede mover las manos, los brazos, las patas y la cola, abrir y cerrar la boca y lanzar bolas de fuego. «¡Bua, ja, ja!».

Set #: 71411
Piezas: 2.807

LEGO MOCs
Creación de diseños únicos

«Mapa de *Zelda*»

El **mapa de un juego hecho con LEGO más grande** es la versión de 24.718 piezas de Hyrule de Ian Roosma (USA), tal como aparece en el debut de la serie en 1986. Mide 218,4 m de largo.

La gracia de construir diseños con piezas de LEGO es que uno tiene libertad para hacer lo que quiera, así que los fans de LEGO amantes de los videojuegos no se ven limitados por los sets oficiales. He aquí 10 ejemplos creativos de los llamados MOC («my own creation» o «mi propia creación»). ¡Estos no los encontrarás en las tiendas de LEGO!

«Terremamut», de *Horizon*

Con 7.957 piezas, Nicola Stocchi (alias «SerialBuilder») construyó un modelo articulado del Terremamut de *Horizon Forbidden West* (2022). Esta máquina diseñada para diezmar la población humana mide 39 cm de alto y pesa 4,29 kg. El MOC incluye un destornillador, también hecho de piezas, que permite inclinar la cabeza del Terremamut y desplegar sus cañones.

«Figura del ratón eléctrico a tamaño real»

Este Pikachu de plástico fue diseñado por el australiano Dave Holder para Bricker Builds en febrero de 2021. Empleó 2.569 piezas para crear esta estructura de 48 cm de alto, una réplica del leal compañero de Ash de la serie de *Pokémon*. Según el Pokédex, mide 40 cm sin contar las orejas, ¡un modelo a tamaño real!

«Figura del fontanero italiano a tamaño real»

Este modelo de Mario Mario (parece ser que este es su nombre completo) también es obra de Dave Holder, antiguo Maestro Constructor y fan de Nintendo. El fontanero del juego de plataformas está formado por 4.787 piezas, incluidos la bob-omba y el superchampi.

«Refugio operativo de Fallout»

Regala una «mejor vida bajo tierra» a tus minifiguras con este búnker a prueba de explosiones del diseñador canadiense «MasterBuilderKTC». Su réplica de 4.260 piezas de un refugio de Vault-Tec de la serie de *Fallout* tiene efectos de sonido integrados y una puerta que se abre por control remoto.

«Kirby: Planet Robobot»

«AndeeWow», usuario de LEGO Ideas, construyó un MOC en honor a su juego favorito de Kirby, *Planet Robobot*, de 2016. El set se completa con Waddle Dees, Clanky Woods y el mismísimo defensor del planeta Popstar en su armadura, un adorable exoesqueleto mecánico (derecha).

«Figuras BrickHeadz de Link y Zelda»

Los MOC no siempre tienen que ser descomunales. Un ejemplo sería este set de las figuras BrickHeadz inspiradas en la NES, hechas de piezas de LEGO. Puedes elegir tus personajes preferidos y crear tu propia versión en miniatura. Fíjate en esta maravillosa creación de «BaronSat», alias de Eric Duron. ¡Es increíble lo que puede hacerse con menos de 180 piezas!

«Sony PlayStation (PS one)», tal como se registró en LEGO Ideas

LEGO ha sacado sets oficiales basados en la Atari 2600 y la NES, pero no en la PlayStation. Así que «GoofySwan099» decidió crear su propio modelo. Para ello, recreó la complicada bandeja de disco con forma circular, el mando, las dos tarjetas de memoria, los botones pulsables e incluso el disco de un juego.

«Among Us: The Skeld»

Este diseño MOC de 2.998 piezas, construido por «BrickRealm101», reproduce el interior de *The Skeld* y la tripulación de *Among Us* (2018). Incluye un set completo de los tripulantes (cada uno con una boca de impostor opcional), la icónica Cafetería para reuniones y el temido suelo lleno de cables de la Sala de Electricidad.

***«Star Wars: La saga Skywalker* – Base Starkiller»**

Con 7,01 m de largo y 1,82 m de ancho, esta es la **construcción de LEGO *Star Wars* más grande**. El youtuber «RichboyJhae» (USA) tardó más de dos años en ensamblar las más de 150.000 piezas. Incluye la sala del holograma de Snoke (en el recuadro) y el foso que atraviesa volando Poe Dameron para destruir la base en el título de 2016 *LEGO Star Wars: El despertar de la Fuerza*.

82 Juego con protagonista femenina más vendido

Horizon Zero Dawn

La trepidante aventura postapocalíptica de Sony debe mucho a su cautivadora protagonista, Aloy. El juego la sigue desde su infancia, que transcurre entre las ruinas de unos Estados Unidos devastados por la guerra, hasta sus aventuras como «Buscadora» de la tribu Nora. A fecha de abril de 2023, *Horizon Zero Dawn* había vendido más de 24,3 millones de copias, colocando a Aloy por delante de su rival más cercana, Lara Croft de *Tomb Raider*, cuyas ventas de la nueva versión de 2013 rondaban los 14,5 millones (pág. 140).

XP

Lanzamiento: 2017
Desarrollador: Guerrilla Games
Distribuidor: Sony

¡QUE LO SEPAS!

Fans y crítica consideran a Aloy el punto fuerte de *Horizon Zero Dawn*, y eso en un juego que tiene ¡dinosaurios robóticos del tamaño de un edificio! Tal vez te sorprenda saber que, en realidad, Aloy es la suma de tres personas diferentes: Ashly Burch le pone voz, su aspecto está basado en la actriz neerlandesa Hannah Hoekstra y sus movimientos son de la británica Amanda Piery.

Hacia el oeste

Cinco años después de *Zero Dawn*, Guerrilla lanzó la secuela *Horizon Forbidden West*. Mientras que el primer juego sucedía en los estados de Colorado, Wyoming y Utah durante el siglo XXXI, *Forbidden West* desplaza la acción a California. Los emblemáticos cuellilargos (izquierda) vuelven para ayudar a Aloy a cartografiar las tierras salvajes infestadas de peligros; puedes verlos en forma de LEGO® en la pág. 36.

Serie de carreras más vendida

81

Need for Speed

La exitosa serie de carreras callejeras de Electronic Arts se inició en 1994 en la consola 3DO con *The Need for Speed*. Treinta años y 25 títulos principales después, la franquicia ha acumulado un total de ventas que excede los 150 millones, un récord de los videojuegos de carreras si excluimos los de karts (pág. 70). El título más vendido por ahora, con más de 16 millones de copias, es la novena entrega, *Most Wanted* (2005).

Obra de arte urbano

El lanzamiento en 2022 de *NFS Unbound* supuso un cambio en cuanto a los gráficos de la serie, que fusionaba el fotorrealismo de títulos anteriores con un llamativo estilo anime/grafitero. La estética con sombreado plano conquistó a los jugadores y a la crítica. El juego ganó relevancia y le dio un necesario impulso a la serie.

Franquicias de carreras de coches más vendidas	
Need for Speed	150 millones
Gran Turismo	90 millones
Assetto Corsa	28 millones
Driver	19 millones
Midnight Club	18,5 millones
Forza	16 millones

XP

Fecha: 2005
Desarrollador: EA
Distribuidor: EA

The Need for Speed, el primer juego de la serie.

80 Videojuego de deporte más vendido

NBA 2K20

La 21.ª entrega de la popular serie de *NBA* había vendido más de 14 millones de unidades en agosto de 2020, según Take-Two, la empresa matriz de 2K. El juego —liderado por Anthonty David, la estrella de la carátula y ala-pívot de LA Lakers— se lanzó para múltiples plataformas, incluidas la PS4 y la Xbox One, en septiembre de 2019. *NBA 2K20* fue el primer juego de la franquicia que incluyó jugadoras de la WNBA (la Asociación Nacional de Baloncesto Femenino estadounidense). Aparecen sus 12 equipos y todas sus jugadoras.

El legendario LeBron James, de los Lakers, en *NBA 2K20*

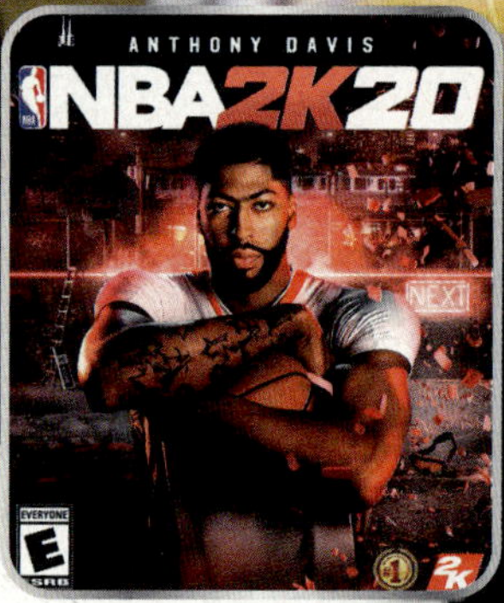

¡QUE LO SEPAS!

Como la mayoría de los títulos de la serie, *NBA 2K20* introdujo un buen puñado de novedades. La personalización del jugador dio un salto cualitativo, y permitió incluso diseñar tatuajes y colocarlos en el cuerpo del jugador. Al juego también se le añadieron seis equipos clásicos nuevos, elevando el número total a 68.

XP

Fecha: 2019
Desarrollador: Visual Concepts
Distribuidor: 2K

Primer juego de baloncesto

Lanzado en 1973 para la **primera videoconsola**, la Magnavox Odyssey, *Basketball!* requería cubrir la pantalla del televisor con una plantilla de plástico en la que se representaban jugadores estáticos repartidos por la cancha. Los gráficos eran un bloque blanco pequeño que hacía de pelota y dos bloques más grandes que representaban los personajes jugables. Puedes leer más sobre la primera generación de consolas en la pág. 49.

Serie de juegos de lucha más vendida

79

Mortal Kombat

¡Una victoria impecable! La famosa serie sangrienta *Kombat* había vendido más de 83 millones de unidades a fecha de enero de 2024. Hubo 28 lanzamientos en total, sin contar paquetes y recopilaciones. El título más reciente, *Mortal Kombat 1* (NetherRealm Studios), un segundo reinicio de la franquicia, se lanzó en septiembre de 2023. Obtuvo críticas muy positivas y vendió casi 3 millones de copias en los primeros tres meses.

XP

Lanzamiento: 1992
Desarrollador: Midway
Distribuidor: Midway

R N G

33,6 millones

Ventas totales de *Super Smash Bros. Ultimate* (Bandai Namco, 2018) a fecha de enero de 2024, convirtiéndolo en el **juego de lucha más vendido**.

Las 5 franquicias de lucha con más ventas

Serie	Ventas totales
Mortal Kombat	83 millones
Super Smash Bros.	74,9 millones
Dragon Ball	62,5 millones
Tekken	57 millones
Street Fighter	53 millones

La primera NES salió el 18-10-1985.

Famicom = Family + Computer

78 Primer mando de consola

Famicom/NES

La Famicon salió a la venta en Japón el 15-07-1983 como parte de la tercera generación de videoconsolas, y fue rediseñada para el público internacional como la Nintendo Entertainment System (NES, arriba a la izquierda). La consola abrió nuevos caminos en general, y el controlador en concreto supuso un punto de inflexión en los juegos, ya que se usaban botones en lugar de un joystick o un volante. La popularidad de la NES consolidó la cruceta (o D-pad) como el dispositivo de entrada primario para una generación y convirtió a millones de personas en «machacadores de botones».

XP

Fecha: 15-07-1983
Diseñador: Gunpei Yokoi (JPN)
Puertos de control: 2

RNG

30 %

La proporción de hogares estadounidenses que tenían una NES en 1990, según la revista *Computer Gaming World*.

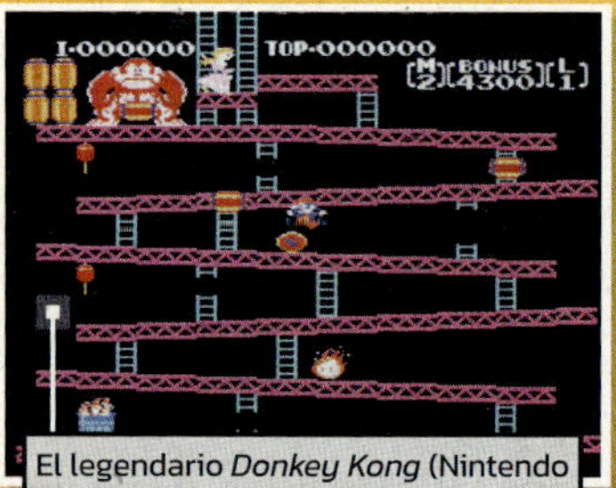

El legendario *Donkey Kong* (Nintendo R&D2) fue un título de lanzamiento.

Masayuki Uemura, ingeniero de Nintendo, creó la Famicom.

Antes de la NES...

... había la Game & Watch, la maquinita con botones. La primera serie de juegos portátiles de Nintendo salió a la venta en Japón, en 1980. No eran consolas como tal, ya que cada máquina solo contenía un juego. El primer lanzamiento, el #1 de la serie «Silver», fue *Toss-Up*, inspirado en los juegos malabares. Cuando se lanzó *Donkey Kong* en 1982, había evolucionado a un modelo plegable de dos pantallas, una encima de la otra. De solo este juego se vendieron más de 8 millones de unidades.

La Game & Watch «New Wide Screen» de 1982.

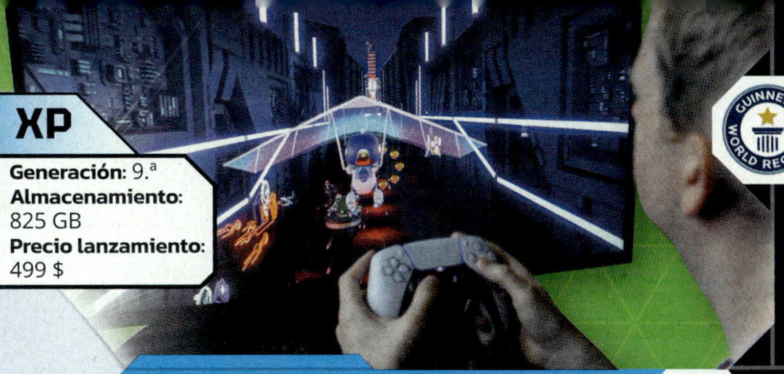

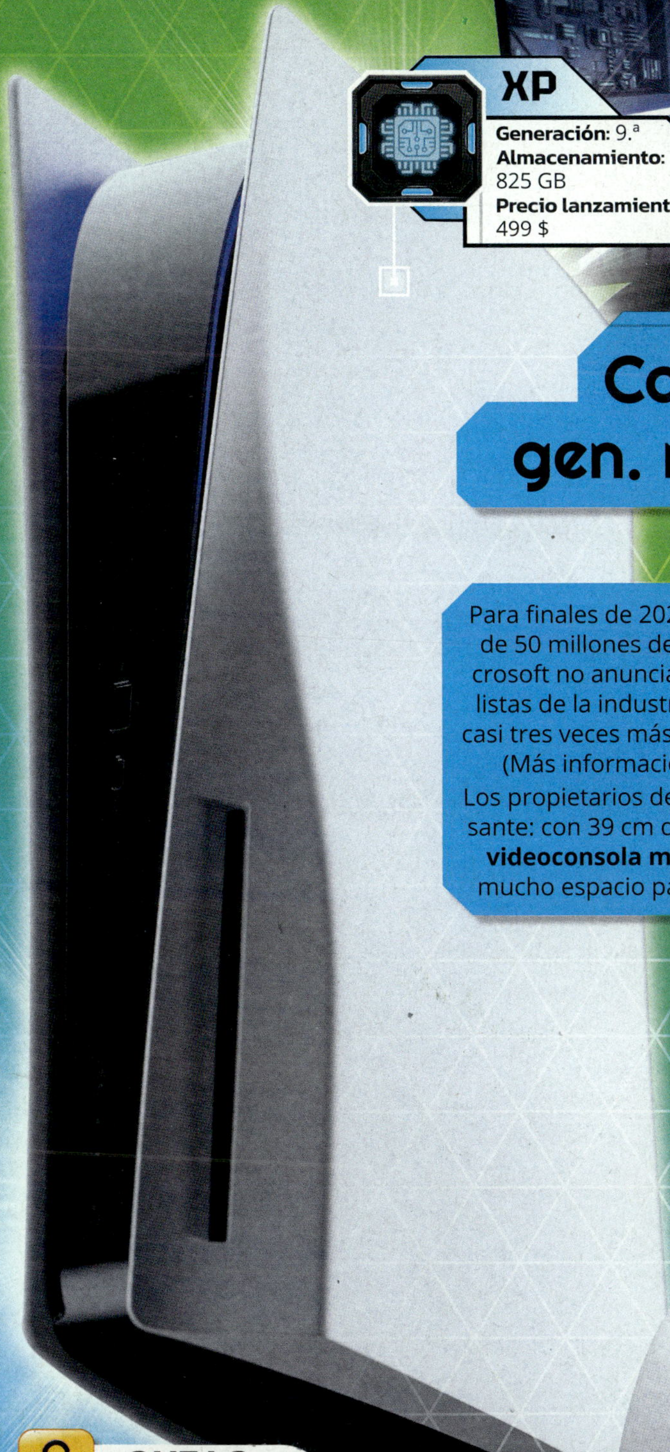

XP

Generación: 9.ª
Almacenamiento: 825 GB
Precio lanzamiento: 499 $

Consola de 9.ª gen. más vendida

77

Sony PlayStation 5

Para finales de 2023, la PS5 había vendido la impresionante cifra de 50 millones de unidades. Aunque hacía años que su rival Microsoft no anunciaba las ventas de las Xbox Series X y S, los analistas de la industria estiman que, solo en 2023, la PS5 se vendió casi tres veces más que las otras consolas de novena generación. (Más información de la **consola más vendida** en la pág. 138.)

Los propietarios de la PS5 poseen una consola de tamaño interesante: con 39 cm de alto, 26 cm de fondo y 10 cm de ancho, es la **videoconsola más grande**. Toda esa potencia gráfica requiere mucho espacio para los ventiladores y los disipadores térmicos.

«De lejos, la consola más extravagante que he tenido en la vida.»

Luke Reilly, de IGN, da su opinión.

¡QUE LO SEPAS!

Sony sacó a la venta la PS5 en el Reino Unido, en noviembre de 2020. Como promoción, pidieron al Underground de Londres que transformaran las señales de los alrededores de la estación de Circus Oxford en iconos de la PS. El logotipo tradicional del metro de Londres es circular (abajo a la izquierda). Por desgracia, debido al confinamiento por la COVID-19, muchos londinenses se perdieron la estrategia promocional de Sony.

76 Primera videoconsola HD

FIFA 06 (2005), uno de los primeros para la Xbox 360.

Microsoft Xbox 360

El 21-11-2005, la gente hizo cola toda la noche para lo que se anunciaba como el inicio de una nueva era de los videojuegos. La nueva consola de Microsoft fue la primera que sacó provecho del nuevo estándar de los televisores de alta definición (HD, por sus siglas en inglés), que ofrecía una resolución más de seis veces superior a la de las consolas anteriores, que solo representaban tantos píxeles como un smartwatch actual.

La consola tuvo una vida larga, con dos actualizaciones de hardware (360 S y 360 E, abajo), y abrió las puertas a los juegos en línea gracias a su conexión a la red integrada y a su servicio de Xbox Live. Puede que no fuera la más vendida de su generación, pero fue la más influyente.

RNG

2.150+

Juegos lanzados para la Xbox 360. Entre los primeros títulos se incluyen *Call of Duty 2* (Infinity Ward, abajo) y *Need for Speed: Most Wanted* (EA).

XP

Fecha: 22-11-2005
Desarrollador: Microsoft
Uds. vendidas: 84,48 millones

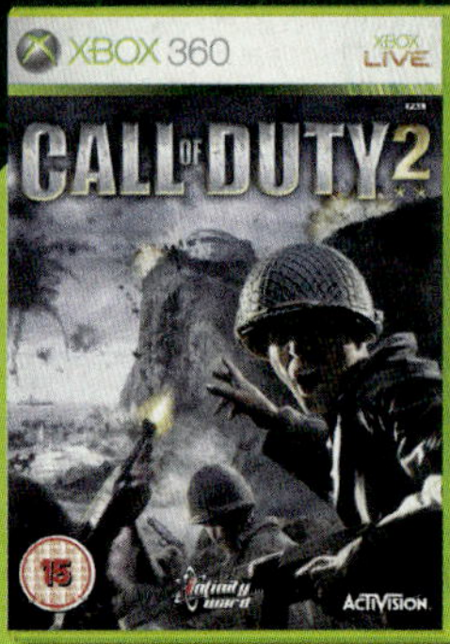

Primer juego de la Xbox 360 con un millón de ventas

Más de dos tercios de los propietarios de la Xbox 360 se hicieron con el trepidante título ambientado en la Segunda Guerra Mundial *Call of Duty 2*. Durante la primera semana se vendieron más de 200.000 copias, el primero de los récords que ha batido *CoD* con sus siete exitosas entregas para la consola (págs. 118-121).

Película biográfica basada en un videojuego más taquillera

75

Gran Turismo

La exitosa película *Gran Turismo* (USA, 2023) explica la historia real de Jann Mardenborough, un adolescente británico que se convirtió en piloto de carreras gracias a sus habilidades con los videojuegos. En el filme biográfico vemos cómo Jann (interpretado por Archie Madekwe) aprendió a dominar el simulador de conducción *Gran Turismo* (Polyphony Digital, 1997). Nissan lo invita a competir para conseguir una plaza en el programa GT Academy (espóiler: derrota a 90.000 participantes, ¡y se convierte en el **ganador más joven**!). A fecha de 09-02-2024, la película había recaudado la cifra récord de 117.862.107 dólares en todo el mundo.

XP

Lanzamiento: 2023
Dirección: Neill Blomkamp

R N G

19

Edad a la que Jann (nacido el 09-09-1991) se convirtió en el **ganador más joven de la competición de GT de Nissan**. Más adelante, hizo de piloto de acrobacias en la película sobre su vida.

¡QUE LO SEPAS!

Desde *GT6* (2013), gracias al proyecto Vision Gran Turismo, el juego incluye diseños automovilísticos de los principales fabricantes de vehículos del mundo, como Porsche, Jaguar, Lamborghini y Bugatti. Algunos de los coches existen como prototipos en el mundo real, como este elegante Ferrari V6 de 2022.

Más circuitos en un juego de *Gran Turismo*

Mientras que muchos otros juegos de carreras, como *Forza Horizon* (pág. 98), ofrecen pruebas de mundo abierto, *GT* sigue apostando por la pureza de un circuito bien diseñado. El último título de la serie, *GT7*, contiene 38 ubicaciones (incluidos 19 circuitos del mundo real) con un total de 116 trazados diferentes. Se han añadido más como contenido descargable.

74 Serie de simulación de vuelo más larga

Simulador de vuelo

El fenómeno en el que se ha convertido *Microsoft Flight Simulator* surgió en 1979 en un ordenador Apple II. Se llamaba *FS1 Flight Simulator* y había sido desarrollado por la empresa emergente Sublogic. En 1983, le siguió una secuela, *Flight Simulator II*, aunque para entonces Microsoft ya había absorbido a los creadores para que desarrollaran el título de 1982 *Microsoft Flight Simulator* para el IBM PC.

Después de los dos títulos originales de Apple, Microsoft ha lanzando 15 entregas en total, más otra que está prevista para 2024.

Primer simulador de vuelo

Los simuladores de vuelo para entrenar a pilotos existen desde hace unos 100 años, pero el género de videojuegos de simulación de vuelo se remonta a la década de 1970. Bruce Artwick, un estudiante de ingeniería eléctrica de la Universidad de Illinois (USA) trabajó en una tesis titulada *A Versatile Computer-Generated Dynamic Flight Display*. Creó un modelo del vuelo de un avión en un ordenador Apple. Al darse cuenta del potencial comercial, creó la empresa emergente Sublogic, que lanzó *FS1 Flight Simulator* en 1979.

La cabina de mando en HD del Aermacchi M-346 en *MFS*.

XP

Lanzamiento: 1979
Desarrollador: Varios
Distribuidor: Sublogic/Microsoft

¡QUE LO SEPAS!

En el *Microsoft Flight Simulator* de 2020 aparecen mas de 37.000 aeropuertos, desde pistas verdes para pilotos de vuelo salvaje en Alaska hasta vastos complejos como el Aeropuerto Internacional Hartsfield-Jackson de Atlanta, en el estado de Georgia (izquierda). El juego también ofrece datos meteorológicos a tiempo real: los pilotos pueden atravesar el humo de un incendio forestal de California o entrar en el ojo de un huracán.

Videoconsola de 1.ª gen. más vendida

73

Color TV-Game

XP

Lanzamiento: junio, 1977
Fabricante: Nintendo
Territorio: Japón

En 1977, un pequeño fabricante de juguetes japonés llamado Nintendo lanzó al mercado sus versiones de videoconsolas domésticas: la Color TV-Game 6 y la 15. Ambos sistemas venían con un solo juego instalado: *Light Tennis*, que estaba inspirado en el *Pong* y ofrecía seis modos de juego diferentes en el primer lanzamiento y 15 en el segundo, de ahí los nombres. El juego adictivo y el precio favorable para los consumidores hicieron que las consolas tuvieran un éxito aplastante en Japón: cada una vendió la cifra récord de 1 millón de unidades. Y lo más importante: les allanaron el camino a la Famicom y a la NES (pág. 44).

¡Que siga la carrera!

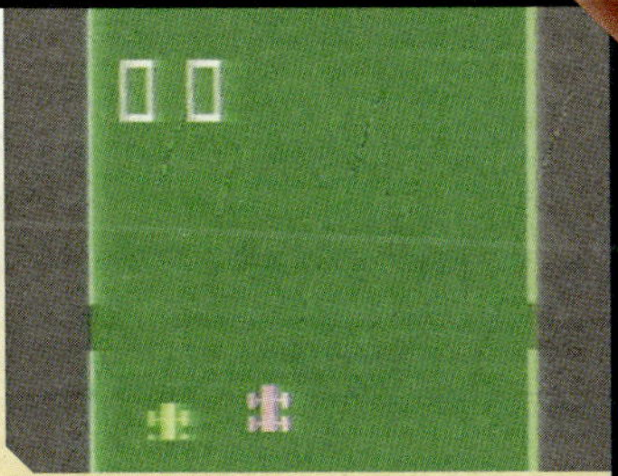

La Color TV-Game Racing 112 (1978) fue la tercera de la serie de consolas domésticas de Nintendo. La máquina reproducía un coche a vista de pájaro y tenía siete modos de juego (cuatro individuales y tres para dos jugadores) y 16 niveles de dificultad, dando un total de 112 variantes. Lo que la hacía única era la consola en sí, que llevaba una palanca de cambio y un volante. En los modos para un jugador se podía elegir entre carreteras «estrechas» o «anchas», y la consola también venía con dos controladores con rueda (*paddles*) que permitían hacer partidas para dos jugadores.

R N G

9.800 ¥

El precio de la Color TV-Game 6 en 1977 (35 dólares), que actualmente equivale a 162,8 dólares.

72 Juego de *Star Wars* mejor valorado

Star Wars: Caballeros de la Antigua República

«Una extraordinaria combinación de elementos de juego brillantes, una presentación que deja con la boca abierta y una buena ración de la magia especial de *Star Wars*.» Esta valoración no es un ejemplo aislado de cómo la crítica recibió la versión de 2003 para la Xbox del juego de rol de BioWare. A partir de 72 reseñas, tenía una puntuación media del 94 % en Metacritic. ¡¿Cómo no va a gustar un juego con un droide asesino trastornado que llama «bolsas de carne» a todos los que no son robots?!

XP

Fecha: 2003
Desarrollador: BioWare
Distribuidor: LucasArts

¡QUE LO SEPAS!

Muchas de las figuras y eventos de *Caballeros de la Antigua República* han sido reconocidos como elementos aprobados del universo oficial de *Star Wars*. Es difícil definir un concepto que se actualiza constantemente, pero Darth Revan (derecha) ha pasado a formar parte del canon. También salen nuevas informaciones, como que Tatooine fue un mundo oceánico antes de convertirse en el planeta desértico que se ve en la primera película.

Serie de ciencia ficción más taquillera

Con sus 11 filmes de acción real y la de animación de 2008, la serie de *Star Wars* había recaudado 10.325.452.887 dólares a fecha de 14-02-2024. *El despertar de la Fuerza* (2015) encabeza la lista con más de 2.000 millones de dólares. *Star Wars* es también la **licencia de videojuegos más prolífica**. A fecha de 18-01-2024, había 163 títulos en 56 plataformas. Se incluyen las colaboraciones con *Angry Birds* (izquierda) y LEGO® (arriba).

XP

Fecha: 1978
Desarrollador: Taito
Distribuidor: Taito

Serie de arcade más larga

71

Space Invaders

El título de Taito *Space Invaders* causó verdadero furor cuando llegó a las máquinas recreativas de Tokio en la primavera de 1978. Reemplazó el juego silencioso y metódico de títulos como *Breakout* (abajo) por algo más dinámico y emocionante. Fue el **primer juego que incluía enemigos animados** (y **enemigos que respondían a los ataques**) y el primero con una **pista de audio continua**. Los desarrolladores no daban abasto: ¡a finales de 1979 ya habían producido 750.000 máquinas! Desde entonces, las diferentes variantes del juego siguen siendo títulos imprescindibles.

Juego que inspiró *Space Invaders*

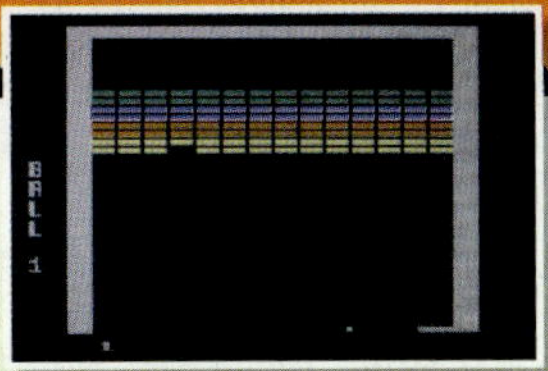

Breakout, el juego de Atari que consiste en eliminar ladrillos haciendo rebotar una bola, fue uno de los grandes éxitos de 1976. Entonces, la competencia en juegos recreativos, Taito, pidió al desarrollador Tomohiro Nishikado que ideara algo parecido. Los ladrillos se convirtieron en una oleada de extraterrestres al son de una música siniestra, y la barra que impulsaba la bola, en un cañón láser. El ritmo del juego se aceleró: por un error inesperado del código, se ejecutaba más rápido cada vez que se eliminaba a un marcianito.

«Estoy orgulloso del gran impacto que ha tenido el juego, ¡aunque aún soy incapaz de pasarme el primer nivel!»

Tomohiro Nishikado, inventor de *Space Invaders*

TOP 25 VIDEOJUEGOS MÁS JUGADOS

Lista de los juegos más populares del mundo. La tabla se basa en la cantidad de cuentas de usuario registradas, tal vez la manera más fiable de estandarizar estadísticas en el sector de los videojuegos. ¿Salen tus videojuegos favoritos?

- **25** ***MapleStory*** (Wizet, 2003) – 180 millones
- **23=** ***Club Penguin*** (New Horizon Interactive, 2005) – 200 millones*
- **23=** ***Dragon Nest*** (Eyedentity Games, 2010) – 200 millones
- **22** ***Roblox*** (Roblox Corporation, 2006) – 214 millones
- **21** ***Rules of Survival*** (NetEase Games, 2018) – 230 millones*
- **20** ***Honor of Kings*** (TiMi Studio Group, 2015) – 295 millones
- **19** ***RuneScape*** (Jagex, 2001) – 350 millones
- **18** ***Crazyracing Kartrider*** (Nexon, 2004) – 380 millones
- **15=** ***Fantasy Westward Journey*** (NetEase Games, 2001) – 400 millones
- **15=** ***Mini World*** (Miniplay Inc, 2017) – 400 millones
- **15=** ***Fortnite*** (Epic Games, 2017) – 400 millones
- **14** ***Among Us*** (Innersloth, 2018) – 500 millones
- **13** ***Minecraft*** (Mojang Studios, 2011) – 600 millones
- **12** ***Call of Duty: Mobile*** (TiMi Studio Group, 2019) – 650 millones
- **11** ***Pokémon GO*** (Niantic, 2016) – 678 millones
- **10** ***GKART/QQ Speed*** (TiMi Studio Group, 2010) – 700 millones
- **9** ***Jetpack Joyride*** (Halfbrick Studios, 2011) – 750 millones
- **8** ***Dungeon Fighter Online*** (Neople, 2005) – 850 millones

*Servidores actualmente cerrados

Minecraft es uno de los pocos juegos de esta lista que no son gratuitos. Pero esto no ha impedido que este juego de mundo abierto del tipo sandbox de Mojang haya atraído a unos increíbles 600 millones de jugadores registrados, 400 millones de ellos en China.

Si *Minecraft* (#13) tiene un digno rival para hacerse con la corona de los videojuegos sandbox, este es *Roblox* (#22). Cada día juegan más de 70 millones de personas. Algunos de los juegos creados dentro de su plataforma —como *ADOPT ME!*, de 2017, un juego de cuidar mascotas— se han convertido en unos de los más populares del mundo.

1 Candy Crush Saga

(King, 2012) – 5.000 millones

Este dulce juego de combinaciones de al menos 3 elementos es el más jugado de todos los tiempos. Su amplia aceptación (principalmente mujeres mayores de 35 años) ha disparado los números, además de incrementar los adictos a las partidas rápidas. Un miembro del Parlamento británico fue sorprendido jugando a este juego en una sesión parlamentaria de 2014.

2 Subway Surfers

(Kiloo/SYBO Games, 2012) – 4.000 millones

El juego de plataformas del tipo corredor sin fin sucede bajo tierra en este éxito danés. Un grafitero que esquiva trenes y a un inspector hizo que este juego para móvil fuera el más descargado de la década anterior (2.700 millones). Una tendencia de TikTok sobre colgar collages de vídeos del juego aumentó la cifra a los 4.000 millones.

3 Temple Run

(Imangi Studios, 2011) – 2.500 millones

¿Quién no querría pasarse la eternidad uno o dos pasos por delante de una familia de monos demoníacos? La sencilla premisa de *Temple Run*, junto con la igualmente sencilla manera de jugar (diseñado para tocar el móvil solo con el pulgar), ha atraído a 2.500 millones de jugadores. ¡Correeee!

A fecha de 23-04-2024, había 1.025 pokémons registrados en la Pokédex. Bulbasaur fue el primero y Pecharunt, el más reciente (el de la imagen inferior es Togepi, en posición #175). ¡Normal que haya criaturas de estas por todas partes!

4 PUBG Mobile

(Lightspeed & Quantum Studios, 2018) – 1.200 mill.

Esta adaptación de un título innovador, *PUBG: Battlegrounds*, ha gozado de una enorme popularidad, sobre todo en Asia. Ayudó que fuera uno de los primeros juegos del género battle royale en hacer el salto del PC/consola al móvil, sorprendiendo a la competencia y avanzándose a juegos del estilo de *Fortnite*.

5= Crossfire

(Smilegate Entertainment, 2007) – 1.000 millones

Primero, este juego de disparos en primera persona para jugar en línea de Corea del Sur se comparó con *Counter-Strike*, de Valve. Pero, desde entonces, *Crossfire* se ha labrado su propio nombre, lo que se refleja en los más de mil millones de usuarios registrados hasta la fecha. Hoy día, es una de las marcas de entretenimiento más grandes de toda Asia.

5= **Angry Birds** (Rovio Entertainment, 2009) – 1.000 millones

5= **Fruit Ninja** (Halfbrick Studios, 2010) – 1.000 millones

70 Consola portátil de Nintendo más vendida

Switch

Después de las decepcionantes ventas de la Wii U (2012), Nintendo volvió a la fase de diseño. El resultado fue la Switch, una consola única híbrida (doméstica/portátil). Una vez más, Nintendo lo apostó todo por un diseño innovador (como ya había hecho con la Game Boy y la Wii) y fueron recompensados. A fecha de diciembre de 2023, se habían vendido 139,36 millones de unidades de la Switch, colocándola muy por delante del modelo de Nintendo que previamente ostentaba el récord, la Wii, con 101.630.000 ventas. La **consola de Nintendo más vendida** de todas es la portátil DS, con 154,02 millones de ventas.

XP

Lanzamiento: marzo, 2017
Almacen.: 32 GB
Peso: 399 g (con Joy-Con)

RNG

1.200.000.000

Número de juegos vendidos para la Switch, el mayor para una consola de Nintendo, por delante de los 948 millones de títulos de la DS.

Juego basado en un filme más vendido

69

GoldenEye 007

Este videojuego de disparos en primera persona (FPS), lanzado dos años después de la primera aparición de Pierce Brosnan como James Bond en *GoldenEye* (1995), vendió 8,09 millones de copias y definió los juegos multijugador de toda una generación. Los desarrolladores, de Rare, evitaron las típicas adaptaciones del argumento del filme en favor de una campaña para un solo jugador alrededor del mundo que expandía la trama cinematográfica e incorporaba objetivos difíciles y un estilo de juego sigiloso.

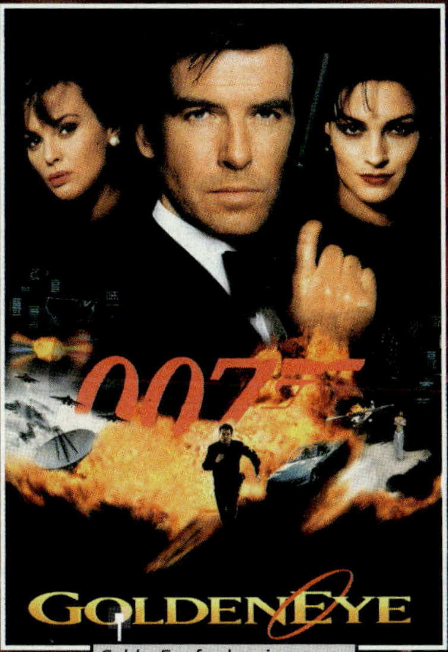

GoldenEye fue la primera película de Bond que recaudó más de 300 millones de dólares en todo el mundo.

Goldeneye era el nombre de la finca que tenía el autor de Bond, Ian Fleming, en Jamaica.

XP

Fecha: 1997
Desarrollador: Rare
Distribuidor: Nintendo

Bond salta a la Switch

Con su lanzamiento para la Nintendo Switch en 2023, *GoldenEye 007* al fin cuenta con una opción multijugador en línea. Los antiguos gráficos 3D ahora tienen una resolución de alta definición de 720p, una gran mejora con respecto a los 240p del juego original. No obstante, la alta definición también muestra mejor algunos de los fallos gráficos de la versión de la década de 1990.

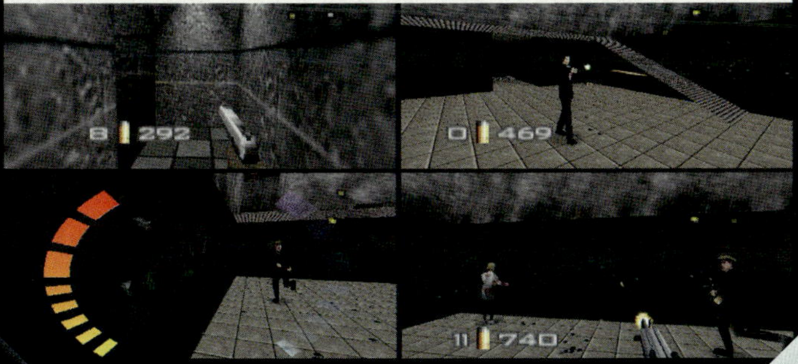

¡QUE LO SEPAS!

- Este juego no solo va sobre la película *GoldenEye*: contiene referencias a las 16 películas anteriores de Bond e incluye apariciones de antiguos villanos, como Oddjob (arriba), May Day y Jaws.
- No te pierdas los niveles secretos basados en las películas *Moonraker* y *El hombre de la pistola de oro*.

XP

Fecha: 2023
Comprador: Microsoft
Adquisición: Activision Blizzard

68 Mayor absorción en el sector

Microsoft/Activision Blizzard

El 13-10-2023, Microsoft completó la compra al contado de Activision Blizzard por unos desorbitados 68.700 millones de dólares. Esta adquisición convirtió la gigantesca corporación estadounidense en propietaria de exitosas franquicias, como (arriba, a la izquierda) *Spyro*, *Crash Bandicoot*, *Call of Duty*, *Candy Crush* y *Overwatch*. Estos títulos ahora se encuentran entre los de la división multinacional de Microsoft Gaming, junto con éxitos como (arriba, a la derecha) *Gears of War*, *Minecraft*, *Psychonauts*, *Fable* y *Halo*.

¡QUE LO SEPAS!

En 2020, tres años antes de comprar Activision Blizzard, Microsoft también desembolsó 7.500 millones de dólares para adquirir ZeniMax Media, los propietarios de Bethesda, id Software y otros desarrolladores. La compra añadió más títulos exitosos a su repertorio, como *Fallout*, *Starfield*, *The Elder Scrolls*, *Wolfenstein*, *Dishonored*, *DOOM*, *Rage* y *Quake*.

Adaptación de un juego con más Emmy

67

Storm Reid (Riley): Mejor Actriz Invitada en una serie dramática

The Last of Us

No todas las producciones audiovisuales basadas en videojuegos son mediocres (págs. 68-69), pero no es habitual un éxito tan apabullante como el de *The Last of Us*. En los premios Emmy de 2024, esta miniserie de HBO ganó 8 trofeos (24 nominaciones). No fue una adaptación de videojuego cualquiera, pero es que *The Last of Us* (2013) tampoco es un juego cualquiera; una de las claves del éxito es la adaptación para la audiencia televisiva del aclamado juego de supervivencia y aventura de Naughty Dog.

El equipo creativo: Mejores Efectos Visuales Especiales

XP

Año: 2023
Canal: HBO Max
Showrunners:
Craig Mazin
Neil Druckmann

Nick Offerman (Bill): Mejor Actor Invitado en una serie dramática

¡QUE LO SEPAS!

En la adaptación televisiva, los papeles de Ellie, una niña huérfana luchadora, y Joel, un padre que ha perdido a su hija, son interpretados por Bella Ramsey y Pedro Pascal (imagen principal). En el juego original de 2013 (arriba), fueron interpretados por los actores de voz Ashley Johnson y Troy Baker. Por entonces, no había muchas categorías relacionadas con la interpretación en videojuegos, pero ambos arrasaron con las que había disponibles.

Zombis del mundo real

La crisis global provocada por unos hongos que infectan a los humanos de *The Last of Us* aún no es real, pero existe algo parecido en la naturaleza. Hay insectos huéspedes de unos hongos parasitarios llamados *Cordyceps diapheromeriphila*. Los **«animales zombis» más grandes** son insectos palo de 20 cm de largo que viven en la selva amazónica. Unos hongos los infectan.... ¡y zombifican! Después, del cuerpo les sale un hongo que produce esporas.

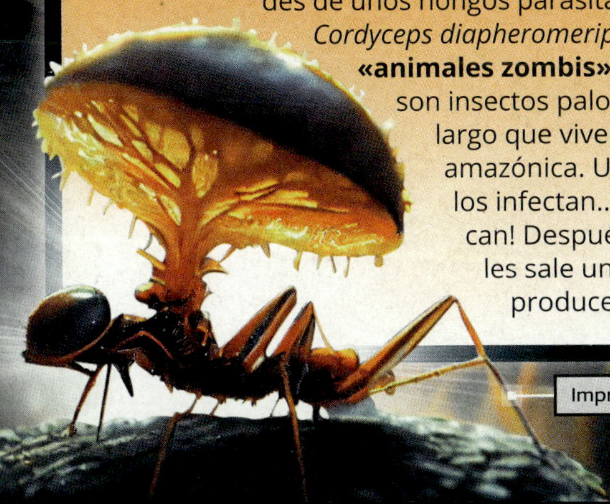

Impresión artística

66 Banda sonora más vendida

Final Fantasy VIII

Nobuo Uematsu (derecha) compuso la música de la octava entrega de la exitosa serie de rol: 74 pistas, 249 minutos y los cuatros discos correspondientes. Alcanzó tal éxito entre los fans que, nueve meses después del lanzamiento (en marzo de 1999), el álbum había vendido más de 300.000 copias solo en Japón.

La canción principal del juego, *Eyes On Me*, también arrasó: vendió 500.000 copias cuando se lanzó en la versión de la famosa cantante Faye Wong (arriba). La música de la franquicia de *Final Fantasy* es tan popular que sigue interpretándose sinfónicamente en todo el mundo.

XP

Fecha: 1999
Compositor: Nobuo Uematsu
Discográfica: DigiCube/Square EA

Éxito para *Halo*

Cuando la partitura orquestal de *Halo 4* (343 Industries) debutó en el n.º 50 de la *Billboard 200* el 10-11-2012, se convirtió en la **música de videojuego mejor clasificada en la lista de álbumes más vendidos en Estados Unidos**. Con casi 9.000 ventas en la primera semana, también entró en el n.º 3 de la lista de bandas sonoras de *Billboard*. *Halo 2: Original Soundtrack and New Music, Volume One* (2004) fue la **primera banda sonora de videojuego en la *Billboard 200*** (puesto n.º 185, el 27-11-2004).

¡QUE LO SEPAS!

El juego frenético y la estética inspirada en los dibujos animados de la década de 1930 de *Cuphead* (Studio MDHR, 2017) iban acompañados de la banda sonora jazzística del canadiense Kristofer Maddigan. En septiembre de 2019, un álbum de dos vinilos de la pegadiza música del juego fue la **primera banda sonora de videojuego en alcanzar el n.º 1 de la lista de álbumes de *jazz* de la *Billboard***.

Juego de supervivencia y terror mejor valorado

65

Resident Evil 4

A fecha de 20-12-2023, el título de terror y supervivencia con las opiniones más entusiastas de la crítica es *Resident Evil 4* (2005). En Metacritic, tiene 96 puntos basados en 82 críticas; en una se afirma que jefes como El Gigante (izquierda) son «auténticas abominaciones para la vista». La nueva versión de 2023 (imagen principal), un raro ejemplo de una adaptación casi tan buena como el original, ocupa la tercera posición con 93 puntos. Entre estos dos está *Code: Veronica* (2000, abajo), con 94 puntos.

XP

Fecha: 2005
Desarrollador: Capcom
Distribuidor: Capcom

Resident Evil – Code: Veronica (2000)

De *RE4* salió un remake brillante en 2023.

Terrores en la gran pantalla

Además de 12 juegos y dos remakes, de *Resident Evil* también se han hecho siete filmes de acción real. La más reciente es un reinicio de la franquicia basado en los dos primeros juegos: *Bienvenidos a Raccoon City* (2021). Fue la primera película de *RE* sin Milla Jovovich (UKR/USA) como protagonista, pero sus seis interpretaciones de Alice Abernathy la convirtieron en la **estrella de una película de acción real basada en un videojuego más prolífica**.

RNG

347

Número de muertes en *Resident Evil: Ultratumba* (2010), el **recuento de cadáveres más elevado en un filme basado en un videojuego**. De estos, ¡271 fueron obra de Alice!

64 Mayor pokémon formado por personas

Pikachu

La querida mascota amarilla de la franquicia de *Pokémon* fue recreada por 994 personas en el Parque Histórico de Yoshinogari, en Saga, Japón, el 26-11-2017. La tentativa la organizó Shogakukan-Shueisha Productions para celebrar el episodio n.º 1.000 de su popular anime de *Pokémon*. La idea era que el récord incluyera 1.000 personas, ¡pero seis fueron descalificadas por quitarse el sombrero y sentarse! En las págs. 152-155 encontrarás más Poké-récords.

XP

Fecha: 2017
Participantes: 994
Lugar: Japón

RNG

1.280

Número de episodios de la serie televisiva de anime de *Pokémon*, a fecha de la temporada de 2024. Estrenado en abril de 1997, es el ***spin-off* televisivo de un videojuego de más duración**.

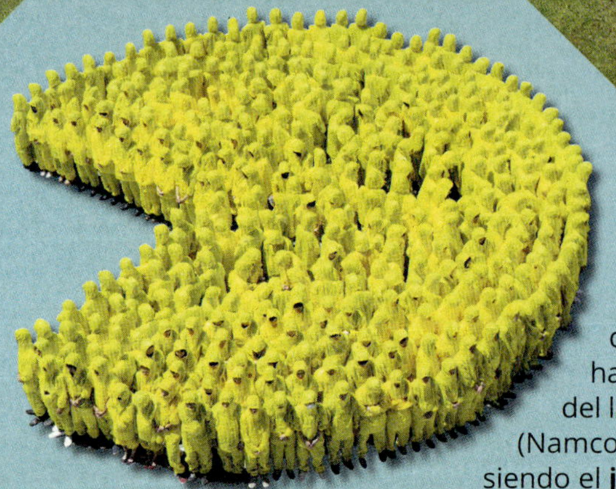

Mayor imagen de PAC-MAN formada por personas

El 21-05-2015, un gigantesco comecocos se materializó a la sombra de la Torre de Tokio, en Japón. Estaba formado por 351 voluntarios que llevaban monos con capucha amarillos. La hazaña se organizó con motivo del 35.º aniversario del lanzamiento del juego de arcade original *PAC-MAN* (Namco, 1980); con 293.822 unidades vendidas, sigue siendo el **juego de arcade más exitoso**.

XP

Fecha: 2006
Desarrollador: Nintendo
Distribuidor: Nintendo

Juego de Nintendo más vendido

63

Wii Sports

Con su divertida mecánica de juego y sus simpáticos elementos visuales, *Wii Sports* fue la estrella de los juegos incluidos en el lanzamiento de la Nintendo Wii en 2006. Sus minijuegos revelaban el funcionamiento sin precedentes de los mandos de la Wii (convertían el movimiento del mando en un golpe del palo de golf o en un lanzamiento en una partida de bolos) y fascinaban a todo el mundo. Incluidas las copias que venían con las consolas en muchos países, de *Wii Sports* se vendieron unos 82,9 millones de unidades.

Wii Sports
82,90 millones

Mario Kart 8
65,47 millones

RNG

39

Número de lesiones relacionadas con *Wii Sports* según informó una revista médica estadounidense en 2009. La mayoría se debieron al entusiasmo excesivo de algunos de los tenistas de la Wii.

Pokémon Rojo/Verde/Azul/Amarillo
59,52 millones

Super Mario Bros.
48,24 millones

Animal Crossing: New Horizons
43,38 millones

Pokémon Oro/Plata/Cristal – 42,21 millones

Pokémon Diamante/Perla/Platino – 40,34 millones

Pokémon Rubí/Zafiro/Esmeralda – 37,88 millones

Mario Kart Wii – 37,38 millones

Tetris – 35,84 millones

XP

País: España
Inicio: 1999
Episodios: 800+

62 Pódcast sobre juegos más duradero

Game Over

En 1999, un grupo de fans españoles de los videojuegos —entre otros David Cordovilla, Albert González e Isaac Viana— empezó a hablar de videojuegos en su programa de radio *Game Over*. Lo que comenzó en Ràdio Despí acabó convirtiéndose en uno «de los primeros programas de radio en colgar sus programas *online* antes de todo el tinglado este de los pódcasts».

¡QUE LO SEPAS!

En uno de los primeros episodios de *Game Over* (30-12-2000), eligieron *Jet Set Radio* (Smilebit) como el juego de la semana. Centrado en una banda de jóvenes grafiteros, este título de la Dreamcast fue el **primer videojuego en utilizar sombreado plano** (hace que los gráficos 3D hechos por ordenador parezcan estar dibujados a mano).

Pódcast sobre videojuegos más duradero en inglés

Durante más de 20 años, Jamie Summers, Matt Whiteman y Rob Roberts han emitido su programa Orange Lounge Radio «como amigos en un bar tras pasar una larga noche jugando a videojuegos». El trío, que había comenzado su programa de radio en internet el 23-06-2002, estrenó su pódcast en enero de 2005 y, ese primer año, ganaron un premio de pódcasts en la categoría de Juegos y aficiones. El 14-04-2024, ¡OLR celebró su episodio n.º 1.000!

Rob «V» Roberts, Jamie «DarkSakura» Summers y Matt «LOKI» Whiteman, de OLR.

Mayor premio acumulado en un solo torneo de eSports

En el International 2021, que tuvo lugar en la Arena Națională de Bucarest, en Rumania, se ofrecía la friolera suma de 40.018.195 dólares a los equipos participantes. El bote procedía de las adquisiciones que habían hecho los jugadores de *Dota 2* en el mismo juego.

Jugador de eSports mejor pagado

61

Johan «N0tail» Sundstein

Habitual en el podio de ganadores, «N0tail» (DNK) encabeza la lista de jugadores con más ganancias. Como verificó eSportsEarnings.com el 24-04-2024, se ha embolsado 7.184.163 dólares en 130 torneos. Y esto a pesar de estar retirado (extraoficialmente) desde finales de 2021. La mayor parte de la fortuna amasada la ganó jugando al MOBA *Dota 2* (Valve, 2013), como miembro del equipo OG.

«N0Tail» (centro) con otros miembros del equipo OG.

«N0tail» alza el trofeo en la International 2019, donde los OG ganaron 15,6 millones de dólares.

XP

Nombre: Johan Sundstein
Equipo: OG
Años en activo: 2011-2021

R N G

25

Edad de «N0tail» cuando ganó en la International 2019, ¡convirtiéndose en «veterano»! No obstante, el **ganador más mayor** es «Sneyking», alias de Wu Jingjun (USA), con 27 años y 180 días en 2022.

60 El eSport con más trayectoria

StarCraft

En este icónico videojuego de estrategia de ciencia ficción se lucha por el control de los planetas del Sector Koprulu; los humanos se enfrentan a los protoss, que tienen capacidades psíquicas, y a los insectoides zerg. El equilibrio entre los puntos fuertes y débiles de las tres facciones dio lugar a emocionantes batallas multijugador, y pronto surgió una comunidad de aficionados muy competitiva, especialmente en Corea del Sur. El juego debutó en los eSports en la Pro Gamers League el 12-11-1998 y actualmente mantiene su popularidad. Siguió activo incluso tras el lanzamiento de una secuela, *StarCraft II*, en 2010, y, hoy día, más de 25 años después, sigue siendo un éxito.

StarCraft 1998 (izq.) comparado con la remasterización de 2017 (dcha.)

RNG

6.116.000

Kilómetros recorridos por una copia de *StarCraft*. El astronauta y también jugador Daniel Barry (USA) se la llevó a la *Estación Espacial Internacional*.

XP

Lanzamiento: 1998
Desarrollador: Blizzard
Distribuidor: Blizzard

Jugador de *StarCraft II* con más ganancias

Desde que debutó en los eSports de competición en julio de 2012, Joona Sotala (FIN), alias «Serral», ha ganado 1.483.291 dólares jugando a esta secuela de 2010 de Blizzard. De ese total, 280.000 dólares proceden de la victoria en las Finales Globales de la Serie del Campeonato Mundial (WCS, por sus siglas en inglés) de *StarCraft II* en la BlizzCon 2018 («Serral», arriba con el trofeo). Se convirtió en el primer, y único, jugador no coreano en ganar el título.

¡Zerg rush!

En *StarCraft*, la victoria requiere movimientos muy estudiados y elecciones tácticas muy equilibradas. O, a veces, gana el jugador zerg que construye unidades básicas con más rapidez. La estrategia «Zerg rush», en la que abrumas a tu enemigo con unidades básicas antes de que pueda prepararse, ha sido desde entonces objeto de infamia en el mundo de los videojuegos.

Mayor recaudación en un evento de speed-running

59

GDQ

Más dinero recaudado en un solo speed-run

La partida de *Chrono Trigger* (Square, 1995, izq.) que «puwexil» completó al 100 % en el SGDQ 2019 recaudó una cifra récord de 885.456 dolares. Otros ingresos lucrativos del GDQ incluyen los 794.339 dólares de una partida de *Super Metroid* (Nintendo, 1994, izq., arriba del todo) durante el AGDQ 2017 y los 507.930 dólares de *Deltarune* (Toby Fox, 2018, izq., abajo) durante el AGDQ 2022.

El Games Done Quick (GDQ) es una serie de retransmisiones en directo y eventos que dura una semana y tiene lugar dos veces al año. Muestran speed-runs extravagantes que baten récords y recaudan dinero para organizaciones benéficas. Los grandes eventos del GDQ son el Awesome GDQ, que recauda fondos para la Fundación para la Prevención del Cáncer estadounidense, y el Summer GDQ, que apoya a Médicos sin Fronteras. Al final de la AGDQ 2022 Online, se habían recaudado 3.442.033 dólares. Además, en el tercer día del evento se alcanzó el millón de dólares en donaciones en el menor tiempo de la historia del GDQ.

GAMES DONE QUICK

Mayor rapidez en completar con los ojos vendados las tres primeras mazmorras de *Ocarina of Time*

Uno de los momentos álgidos del AGDQ 2015 fue cuando el jugador «Runnerguy2489» (USA) logró atravesar las tres primeras mazmorras de este clásico de Nintendo de 1998 con los ojos vendados (págs. 156-161). Sirviéndose de una mezcla de glitches, señales sonoras y saltos laterales y hacia atrás, así como del clamor del público en directo, completó el reto en 1 h, 26 min y 56,66 s.

XP

Lanzamiento: 2010
Recaudación total: 50 millones de dólares

58 Éxito de un tercero en Game Pass

GAME PASS

Palworld

Microsoft lanzó el Xbox Game Pass en 2017 para dar acceso a los jugadores a una selección de juegos por una cuota mensual. Mientras que *Minecraft*, de Microsoft, se mantiene como el **videojuego más jugado** del servicio (a fecha de marzo de 2024), Xbox Live anunció el 31-01-2024 que el título de Pocket Pair de acción y aventura de mundo abierto sobre domesticar animales tuvo un debut de récord. En 10 días, más de 7 millones de personas habían jugado en Xbox y PC a esta estrella de Twitch conocida como el «Pokémon con armas» (más información en la pág. 95).

Los pals de las islas Palpagos

Gran parte de la popularidad del juego se debe a los mismos pals, unas criaturas imaginativas, peculiares y monas, pero potencialmente letales. Las islas de *Palworld* están pobladas por más de 100 pals, incluidas estas ovejas armadas hasta los dientes de aquí abajo llamadas lamballs. Son monas, peludas e inofensivas... ¡hasta que sacan sus metralletas!

XP

Fecha: 2024
Desarrollador: Pocket Pair
Distribuidor: Pocket Pair

¡QUE LO SEPAS!

Los críticos han apuntado que *Palworld* tiene más de una cosa en común con otros juegos superventas conocidos. Más concretamente, son los adorables animalitos lo que han hecho aguzar el oído a The Pokémon Company. En enero de 2024, el distribuidor prometió «investigar» cualquier posible demanda de plagio.

Game Boy Color enorme

57

Creada por Jake Carlini

«Todo funciona gracias a un enorme PC para videojuegos al que cargué emuladores de la Game Boy.»

Jake Carlini explica cómo funciona este gigante.

XP

Altura: 2,23 m
Anchura: 1,24 m
Profundidad: 0,61 m

¡El PC está conectado a un pesado televisor con pantalla de plasma!

Jake usó un mando adaptable de Xbox para crear botones totalmente funcionales.

La Game Boy fue un prodigio de la miniaturización: una consola de bolsillo. Pero, aunque los ordenadores sean cada vez más pequeños, a algunos jugadores creativos les ha dado por recrear la consola portátil de Nintendo y convertirla en un mastodonte capaz de ocupar toda una habitación.

En 2016, el ingeniero belga Ilhan Ünal (abajo) construyó la **Game Boy más grande**, de 1,01 m de alto. Y, en 2022, el youtuber Jake Carlini (USA) fue incluso más allá y fabricó la **Game Boy Color más grande**, una consola portátil gigante de 2,23 m... ¡ideal para un jugador de 28 m, claro!

Pequeña pero hecha a la perfección

TAMAÑO REAL

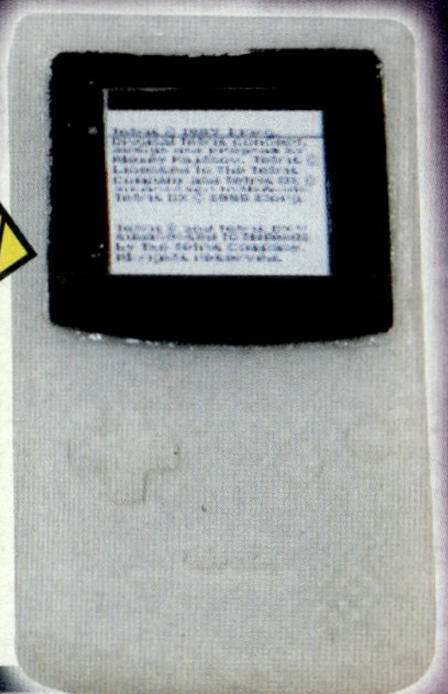

La **Game Boy más pequeña** solo mide 54 mm de largo, se puede poner en un llavero e incluye una impresionante selección de títulos originales de la Game Boy. El creador, Jeroen Domburg (NLD), seleccionó meticulosamente los diminutos componentes del interior.

ESPECIAL

VIDEOJUEGOS EN EL CINE

Desde el fracaso en 1993 de *Super Mario Bros.* hasta el éxito en 2023 de *Super Mario Bros.: la película*, los filmes basados en videojuegos han atraído a millones de jugadores con ganas de ver sus mundos virtuales preferidos adaptados para la gran pantalla. Aquí, el experto en videojuegos de GWR Wesley Yin-Poole nos muestra los datos de la recepción por parte de la crítica de 10 películas icónicas inspiradas en videojuegos, basándose en las ventas en taquilla que ofrece The Numbers y las valoraciones de Rotten Tomatoes. Después de años de producciones de Hollywood de calidad irregular, ¿estaremos viviendo una edad dorada de los éxitos de taquilla basados en videojuegos? Vamos a ver...

THE NUMBERS

21 MILLONES DE DÓLARES

SUPER MARIO BROS.
(1993)

El primer intento de Hollywood de hacer una película de *Super Mario Bros.* ha quedado grabado en la historia como una infamia por sus actuaciones forzadas y su horrible argumento. El difunto Bob Hoskins, que interpretó a Mario, dijo una vez que *Super Mario Bros.* era una «pesadilla» y la peor película que había hecho nunca.

29 %

99 MILLONES DE DÓLARES

STREET FIGHTER
(1994)

Considerada una de las peores películas basadas en videojuegos jamás producida, la desventurada *Street Fighter* presentaba a Guile, interpretado por Jean-Claude Van Damme, enfrentándose al dictador M. Bison. Dado que el original es un videojuego de lucha sin argumento real, ¡puede que el gran fracaso no sea tan sorprendente!

11 %

104 MILLONES DE DÓLARES

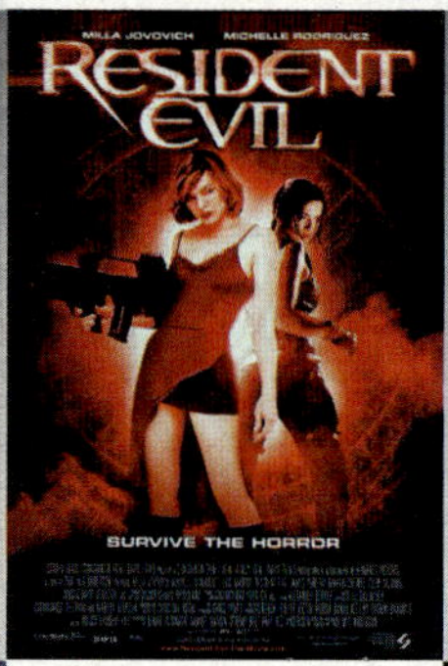

RESIDENT EVIL
(2002)

Escrita y dirigida por Paul Anderson y protagonizada por Milla Jovovich en el papel de la heroína Alice, *Resident Evil* obtuvo malas valoraciones por parte de la crítica, pero alcanzó un estatus de culto entre los fans. Las seis películas de *Resident Evil* que dirigió y/o escribió Anderson han recaudado un total de 1.200 millones de dólares en todo el mundo.

35 %

273 MILLONES DE DÓLARES

LARA CROFT: TOMB RAIDER
(2001)

Antes de que Alicia Vikander encarnara a Lara Croft en la nueva versión de 2018, Angelina Jolie batió récords en Hollywood como la Tomb Raider original. Jolie fue seleccionada con acierto para el papel de Croft, un personaje de acción, en esta aventura hoy algo desfasada y que se basa en la franquicia de videojuegos británica.

20 %

297 MILLONES DE DÓLARES

FIVE NIGHTS AT FREDDY'S
(2023)

La adaptación de Emma Tammi del videojuego independiente de terror no impresionó a la crítica, pero fue un éxito de audiencias. Igual que en el juego, en el filme vemos a un guardia de seguridad que lucha por su vida en una pizzería abandonada repleta de personajes animatrónicos que cobran vida por la noche.

32 %

Rotten Tomatoes
A fecha de 17/1/24
Todas las películas de Estados Unidos

UNA CANCIÓN EXCEPCIONAL

Peaches, la canción de amor que canta Bowser en *Super Mario Bros.: la película*, llegó al n.º 56 de la lista de los 100 sencillos más vendidos de la revista *Billboard*. *Peaches* también fue el primer sencillo en solitario que registró el actor que le puso voz a Bowser, Jack Black (izquierda). El rey de los Koopas es un estupendo cantante melódico, pero dudamos que eso impresione demasiado a la princesa Peach...

302 MILLONES DE DÓLARES

SONIC, LA PELÍCULA (2020)

Sega atribuye a *Sonic, la película* el resurgimiento de la famosa mascota de su videojuego. El científico loco Dr. Eggman, alegremente interpretado por Jim Carrey, demostró ser el complemento perfecto para el descarado Sonic en CGI (Ben Schwartz), que deleitó a los fans más veteranos después del patinazo inicial.

63 %

400 MILLONES DE DÓLARES

UNCHARTED (2022)

Pese a la cuestionada selección de Tom Holland para el papel de Nathan Drake y la de Mark Wahlberg para el de Victor Sullivan, la película de *Uncharted* recreó admirablemente la aclamada aventura cinemática de Naughty Dog. Incluso reprodujo la magnífica escena del avión de carga de *Uncharted 3: La traición de Drake* (2011).

40 %

428 MILLONES DE DÓLARES

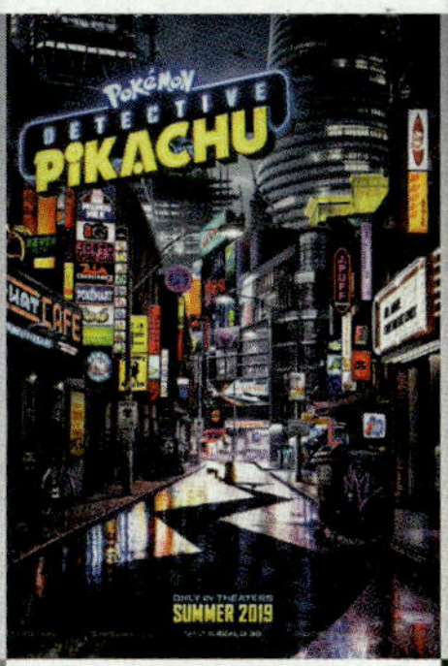

POKÉMON: DETECTIVE PIKACHU (2019)

En la primera película de acción real de Pokémon, el ocurrente y superinvestigador Pikachu resuelve un misterio en un mundo hiperrealista. *Pokémon GO* (Niantic, 2016) incluso sacó una versión «detective» de Pikachu durante un tiempo limitado.

68 %

438 MILLONES DE DÓLARES

WARCRAFT (2016)

La esperadísima película de *Warcraft*, dirigida por Brit Duncan Jones, fue un derroche de CGI que pretendía exprimir el gran éxito del título de Blizzard *World of Warcraft* (2004). Sin embargo, la lenta trama y algunas batallas mediocres impidieron que el filme provocara la sensación de maravilla que llevó a la fama al mundo virtual de Azeroth.

29 %

1.300 MILLONES DE DÓLARES

SUPER MARIO BROS.: LA PELÍCULA (2023)

¡El enorme éxito de la última película de Mario sorprendió incluso a Nintendo! Con Chris Pratt como Mario y Jack Black como el perdidamente enamorado Bowser, *Super Mario Bros.: la película* se ha convertido en la **película basada en un videojuego más taquillera**.

59 %

56 Juego de Nintendo Switch más vendido

Mario Kart 8 Deluxe

A fecha de 01-01-2024, los 60,58 millones de ventas de *Mario Kart 8 Deluxe* lo convirtieron en el juego más vendido para la Switch y en el **Juego de carreras de karts más vendido** en todas las plataformas. *Deluxe* es una versión mejorada del *Mario Kart 8* original para la Wii U. En 2022 y 2023, el set de contenido descargable *Pase de pistas extras* agregó 48 pistas de carreras y ocho personajes. La franquicia, que comenzó en 1992 con *Super Mario Kart* para la SNES, es la **serie de carreras de karts más vendida**, con un total de 182,15 millones de ventas.

XP

Fecha: 2017
Desarrollador: Nintendo
Distribuidor: Nintendo

¡Pwn!

La superbocina es un objeto muy útil de la versión *Deluxe*. Puedes usarla para provocar un terremoto que vuelque a los demás corredores, pero sobre todo para protegerte del Caparazón de Pinchos (Azul), que siempre va a por el jugador en primera posición. Activa la superbocina cuando lo tengas encima y lo destruirás. ¡Cazador cazado!

Juego para la Switch más vendido

Videojuego	Uds. vendidas
Mario Kart 8 Deluxe	60,58 millones
Animal Crossing: New Horizons	44,79 millones
Super Smash Bros. Ultimate	33,67 millones
The Legend of Zelda: Breath of the Wild.	31,61 millones
Super Mario Odyssey	27,65 millones

Nintendo, a fecha de 01-01-2024.

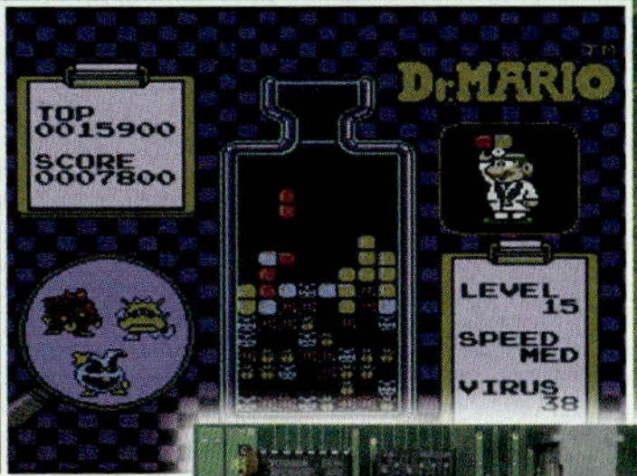

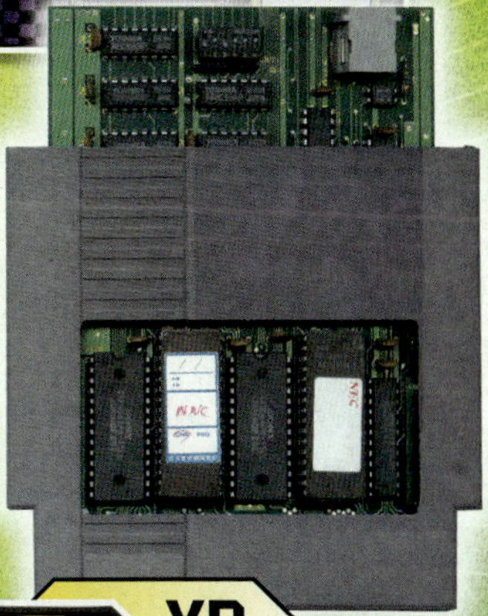

XP

Fecha: 1991
Desarrollador: Nintendo
Distribuidor: Nintendo

Steven Lucas (izq.), ganador del Campus Challenge de 1991

El más raro de todos

55

Nintendo Campus Challenge

En 1991, Nintendo sacó un número limitado de cartuchos de una competición que se celebró en universidades de todo Estados Unidos. Cada copia contenía un nivel de *Super Mario Bros. 3* (1988), uno de *Pin Bot* (1990) y uno de *Dr. Mario* (1990), y los estudiantes debían competir para lograr la puntuación más alta en cada uno. Cuando terminó el torneo, todos los cartuchos fueron destruidos. Todos excepto uno, que retuvo un empleado de Nintendo y que compró un coleccionista en una venta de garaje en 2006. Se vendió por última vez en 2009 por 20.100 dólares y, desde entonces, no se ha vuelto a tener noticia.

Juego de arcade más raro

Por la época en que *Donkey Kong* llegó a los salones recreativos en 1981, Nintendo trabajaba en *Sky Skipper*, otro juego con simios gigantes. Se fabricaron un puñado de máquinas para probar en los salones recreativos estadounidenses y japoneses, pero el juego no tuvo una buena acogida y nunca se lanzó oficialmente. La única máquina recreativa de *Sky Skipper* de la que se sigue teniendo constancia la conserva Nintendo, pero, en 2017, un grupo de coleccionistas de juegos de arcade estadounidenses fabricaron un modelo utilizando las placas base originales de *Sky Skipper*.

54 Más rápido en venderse

The Legend of Zelda: Tears of the Kingdom

Como *Tears of the Kingdom* iba a ser la secuela directa del aclamado *Breath of the Wild* (2017), la nueva aventura hyliana despertaba más expectativas que nunca. Por ello, de *Tears*, un juego ambientado al final de la cronología de *Zelda*, se vendieron 10.000.000 copias en los tres primeros días tras su lanzamiento en mayo de 2023. De *Pokémon Escarlata* y *Púrpura*, lanzados el año anterior, se vendieron más copias en su salida, pero sus números están inflados por el formato dual de lanzamiento de los títulos principales de *Pokémon*. Más información del universo de Zelda en las págs.156-161.

Una de las 10 millones de ventas del juego en sus primeras 72 horas.

El lanzamiento de Zelda en Nueva York fue a medianoche e incluía un bus temático.

XP

Fecha: 2023
Desarrollador: Nintendo
Distribuidor: Nintendo

¡Pwn!

Es importante que te familiarices con el juego antes de ponerte a explorar a fondo el enorme mundo abierto de Hyrule y más allá, así que prioriza la misión principal. También te harás con la paravela, que aparece más adelante. Y asegúrate de completar todos los santuarios que te encuentres, ya que te ayudarán a acelerar tus viajes.

Link se enfrenta a un gólem soldado III zonnanio.

Una superestrella del cuadrilátero

Link aparece (¡más de una vez!) en otro de los juegos de Nintendo que más rápido se han vendido: *Super Smash Bros. Ultimate* (2018), un videojuego de lucha con personajes animados de otros títulos. Este favorito de la Switch, donde Mario, Luigi, Pikachu, Kirby, Link y muchos otros resuelven sus diferencia a puñetazos en una serie de duelos, vendió más de 12 millones de copias en 24 días.

Goro Akechi, alias «Cuervo», atacando a una imponente figura en su atuendo principesco.

Campaña/ historia más larga

53

Persona 5 Royal

La serie *Persona* es famosa por narrar grandes historias, que combinan aventuras de alta fantasía épica y drama de instituto con carga emocional. En 2019, los desarrolladores, Atlus, añadieron aún más contenido al ya enorme *Persona 5* (2016) para crear la edición Royal. Pasarse el juego ignorando los romances y las misiones secundarias, y sin detenerse ni un momento a disfrutar de la increíble banda sonora, requiere una media de 101 h. Déjate llevar para salirte de la trama principal y el total subirá a 142 h, ¡casi seis días enteros de juego!

Otro monstruo

No es tan largo como *Persona 5 Royal*, pero el juego de rol *Monster Hunter Freedom Unite* (Capcom, 2008) requiere 98 h. De hecho, son cuatro los títulos de *MH* que figuran en la lista de los 10 juegos más largos. Los completistas, jugadores a quienes les gusta explorar cada grieta y rincón de los juegos, necesitarán 87 días para devorar el cuarteto. Está claro que rastrear bestias gigantescas y feroces no es tarea rápida.

RNG

13

Movimientos necesarios para completar *Jack in the Dark* (Infogrames, 1993), el **videojuego de acción y aventura más corto**, un gran contraste en comparación con los épicos juegos mencionados arriba.

XP

Fecha: 2019
Desarrollador: Atlus
Distribuidor: Sega

52 Máquina más grande

Donkey Kong

Con 5,89 m de alto y 2,26 m de ancho, esta versión de *Donkey Kong* (Nintendo, 1981) es tan grande que ocupa un espacio entre dos plantas del Strong National Museum of Play de Rochester, en Nueva York, EE. UU. Fue construido con la ayuda de Nintendo en Estados Unidos y reproduce la placa base original de *Donkey Kong*. ¡La máquina es un 372 % más grande que la original de la década de 1980!

XP

Fecha: 2023
Pantalla: 1,52 m
Lugar: Estados Unidos

Recreativa de *PAC-Man* más grande

En 2016, Bandai Namco y la compañía de arcade Raw Thrills crearon una gigantesca pantalla de *PAC-MAN* que también permite reproducir vídeos publicitarios. Mide 2,67 m de alto y 1,71 de ancho, y ocupa una superficie total de 4,5 m^2. Se juega utilizando una consola unida a la pantalla.

Máquina recreativa de *Tetris* más grande

Esta titánica máquina recreativa de *Tetris* mide 4,90 m de alto y 1,98 m de ancho. La construyó el centro de ocio MadLab (ESP) y se encuentra en el complejo comercial La Torre Outlet de Zaragoza. Para jugar, los visitantes tienen que comprar una moneda gigante, introducirla en la gran ranura y subir unos escalones para llegar a los enormes botones.

Los 5 juegos más financiados en Kickstarter	
Shenmue III	6.333.295 $
Bloodstained: Ritual of the Night	5.545.991 $
Eiyuden Chronicle: Hundred Heroes	4.673.143 $
Torment: Tides of Numenera	4.188.927 $
Pillars of Eternity	3.986.929 $

Kickstarter, a fecha de 26-01-2024.

Juego más financiado en Kickstarter

51

Shenmue III

A los patrocinadores se les ofrecían productos exclusivos.

Los dos primeros videojuegos de acción y aventura de *Shenmue* fueron clásicos de culto a principios de la primera década del siglo XXI, pero las pocas ventas provocaron la cancelación de las secuelas. En 2015, al no captar el interés de ninguna distribuidora, el director de la serie, Yu Suzuki, apeló a los fans devotos del juego. La campaña que se puso en marcha en la página de Kickstarter fue la **recaudación de 1 millón de dólares más rápida para un videojuego** y consiguió los 6,33 millones que necesitaba.

XP

Fecha: 2019
Desarrollador: Ys Net
Distribuidor: Deep Silver

R N G

69.320

Número de personas que apoyaron *Shenmue III* en Kickstarter. Entre las recompensas se incluían unas tarjetas telefónicas en el juego que permitían llamar a los personajes de *Shenmue I* y *II*.

50 Juego de PS con más trofeos de platino

! Marvel's Spider-Man: «Demuestra tu grandeza»

PlayStation premia con trofeos a los jugadores que alcanzan ciertos objetivos o logros importantes. Y aquellos que consiguen hacerse con todos los trofeos de un juego, ganan el premio platino. La aventura de Spidey de 2018 de Insomniac Games está en primera posición de la lista de juegos con más trofeos platino ganados (derecha): a fecha de 29-01-2024, eran 369.297 jugadores los que habían logrado su trofeo «Demuestra tu grandeza». En la pág. 26, verás la sección de **más trofeos ganados**.

1. **Marvel's Spider-Man** «Demuestra tu grandeza» 379.725
2. **Horizon Zero Dawn** «Todos los trofeos» 288.044
3. **God of War** «Padre e hijo» 273.027
4. **Rocket League** «Virtuoso» 242.712
5. **inFAMOUS: Second Son** «Disfruta tus poderes» 239.059
6. **Astro's Playroom** «No te queda nada por hacer» 220.454
7. **Bloodborne** «Bloodborne» 209.210
8. **Batman: The Telltale Series** «Soy Batman» 178.368
9. **Ghost of Tsushima** «Leyenda viviente» 172.111
10. **Assassin's Creed II** «Maestro asesino» 170.843

RNG

35.494.331

Número de trofeos de *Spider-Man* ganados por los jugadores a fecha de 24-04-2024. Se incluyen los 651.015 de «Fin de la partida», otorgado al completar la historia del juego.

XP

Trofeo: «Demuestra tu grandeza»
Desarrollador: Insomniac Games
Distribuidor: Sony

Verás más récords de *Spider-Man* en las págs. 21 y 32.

Juego más popular (según los usuarios activos cada mes)

49

Among Us

¡QUE LO SEPAS!

Un McNugget de pollo que recordaba a uno de los miembros de la tripulación de *Among Us* se vendió por unos increíbles 99.997 dólares en eBay en 2021. La subasta empezó con tan solo 99 centavos, y en total se hicieron 184 pujas. Según el vendedor Tavian S Herrera, el nugget se mandó congelado y al vacío para «asegurar su frescura».

De este fenómeno de deducción social ambientada en el espacio se lanzó una versión gratuita para Android e iOS en 2018, pero no llamó mucho la atención hasta que llegó la pandemia de la COVID-19. En 2020, cuando se confinaron muchos países, estalló la popularidad del juego. En noviembre de ese año, 500 millones de personas jugaban a *Among Us*, y también inspiró a más de 1.220 millones a ver sesiones en Twitch. En la pág. siguiente verás más récords y curiosidades de *Among Us*.

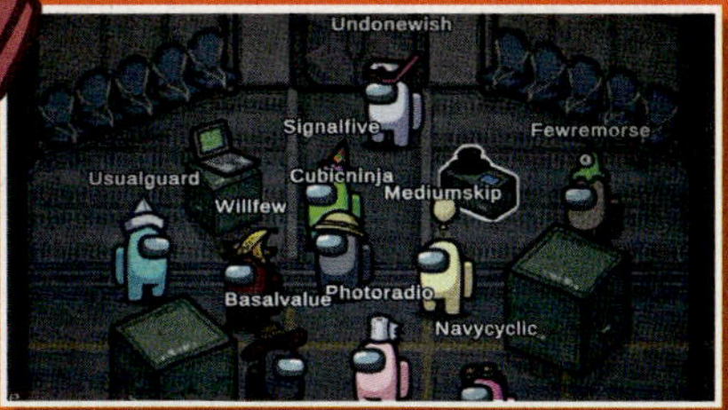

Impostores convertidos en dibujos animados

CBS Studios e Innersloth se han unido para trabajar en una serie de animación de *Among Us*. Como en el juego, el programa consiste en acabar con el impostor que se esconde entre la tripulación de la nave. El creador del programa es Owen Dennis, quien también se encargó del éxito de Cartoon Network llamado *El tren infinito* (2019-2021).

Un atuendo sencillo

El aspecto y el estilo ultrasencillos de la tripulación de *Among Us* ha inspirado a cosplayers de todo el mundo, como a la gran instagramer «ThatJessiWills»; ella y sus amigas se pusieron estos coloridos disfraces en noviembre de 2020 (arriba, con Jessi en naranja). KAP Toy incluso vende disfraces hinchables oficiales (arriba a la derecha).

XP

Fecha: 2018
Distribuidor: Innersloth
Desarrollador: Innersloth

XP

Fecha: 20-10-2020
Juego: *Among Us*
Nombre de Twitch: AOC

48 Más espectadores en una 1.ª retransmisión en Twitch

Alexandria Ocasio-Cortez

En octubre de 2020, la congresista Alexandria Ocasio-Cortez (USA) recurrió a Twitch para jugar a *Among Us* (pág. 77) y así animar el voto de la gente ante las inminentes elecciones presidenciales de EE. UU. Consiguió atraer a 439.000 espectadores simultáneos en el punto álgido de la retransmisión, en la que jugó junto a varios conocidos streamers y junto a otra política, Ilhan Omar. En la ronda inicial de su primera partida, ¡AOC fue elegida como el impostor!

«¿Alguien quiere jugar a *Among Us* conmigo…? (Nunca he jugado, pero parece muy divertido).»

Tuit de AOC como parte de su campaña para animar el voto de los ciudadanos.

Trump se queda sin Twitch

Unos meses antes de que AOC apoyara a Joe Biden e implorara a sus espectadores de Twitch que votaran, el entonces presidente Donald Trump fue suspendido del servicio de streaming. La prohibición temporal en 2020, por retransmitir «conductas de incitación al odio», se convirtió después en un bloqueo «indefinido» tras el asalto al Capitolio en Washington D.C., en enero de 2021.

Simulador más vendido

47

Animal Crossing: New Horizons

Un nuevo título de la famosa serie *Animal Crossing* era justo lo que todo el mundo necesitaba en los estresantes primeros meses de la pandemia de la COVID-19. Las consolas Switch volaron de las estanterías y la gente se retiró a paradisíacas islas desiertas para crear su propia granja de animales. *New Horizons* resultó ser un gran éxito, con unas ventas espectaculares de 44,79 millones, a fecha de 01-01-2024. Esto convierte al encantador creador de comunidades en el segundo juego más vendido de la Nintendo Switch, solo por detrás de *Mario Kart 8 Deluxe* (2017). Más en la pág. 70.

XP

Fecha: 2020
Desarrollador: Nintendo
Distribuidor: Nintendo

R N G

11.200.000

Ventas de *New Horizons* en Japón, según la Game Data Library (a fecha de febrero de 2022). Esto lo convierte en el juego más vendido en Japón.

Mayor rapidez en completar al 100 % *Animal Crossing* (en solitario)

El 09-04-2023, «Mp16» (USA) terminó el juego de simulación social de Nintendo en 16 h, 28 min y 19 s. Dijo: «16 h de concentración. 5 h reseteando la ciudad. 2 semanas de preparación. 1 intento. Menudo viaje». También ostenta los récords de velocidad por **obtener la caña de oro** (53 min y 58 s) y la **red de oro** (39 min y 6 s), y por pagar **todas las deudas** (33 min y 34 s).

Juego de simulación mejor puntuado en Steam

Con más de 20 millones de unidades vendidas, *Stardew Valley* (Concerned Ape, 2016) es el segundo simulador de granja más vendido. Con una puntuación del 97,36 % en Steam, no solo es el simulador más popular de la plataforma, sino también el tercer juego mejor valorado en general, con más de 685.000 reseñas positivas.

«Tengo aire acondicionado en la sala de videojuegos. Es clave que mi colección se mantenga a la temperatura adecuada.»

Antonio Romero Monteiro

XP

Primer juego: *Golden Axe* (Sega, 1989)
Valor de la colección: 2,1 millones de dólares

46 Mayor colección de videojuegos

Antonio Romero Monteiro

La última vez que hizo un inventario de su colección en 2021, Antonio (USA), aficionado a los videojuegos, poseía la increíble cantidad de 24.268 cartuchos, disquetes, CD-ROM y DVD, todos ellos catalogados y expuestos en su casa climatizada de Texas. También ostenta récords por separado por tener la **mayor colección de juegos para las consolas Xbox, PlayStation, Nintendo** y **Sega**. «Mi colección ha crecido tanto que el espacio se ha convertido en un bien escaso. Es como un *Tetris* en la vida real».

«Mi juego más preciado es *Super Castlevania IV* para la SNES.»

Más planetas en el universo de un juego

45

No Man's Sky

El adjetivo «épico» describe muy bien a *No Man's Sky*. La saga espacial ofrece a los jugadores la alucinante cifra de 18.446.744.073.709.551.616 planetas por descubrir, es decir, ¡18 quintillones de lugares únicos! El cosmos de Hello Games se genera proceduralmente, lo que significa que cada sistema solar, incluida la flora y la fauna alienígenas de cada planeta con vida, se crea sobre la marcha utilizando un conjunto de elementos aleatorios. En este juego, el cielo no es el límite, es solo el principio...

Inspirándose en el pasado

El aspecto visual de *No Man's Sky* que se muestra en la pantalla se ha inspirado en las obras del escritor de ciencia ficción Isaac Asimov y en las portadas de sus libros. «Espero que consigamos que por lo menos una persona busque algunos de esos libros, algo que de otro modo no habría hecho.», declaró Sean Murray, director de *NMS*, antes de que saliera a la venta.

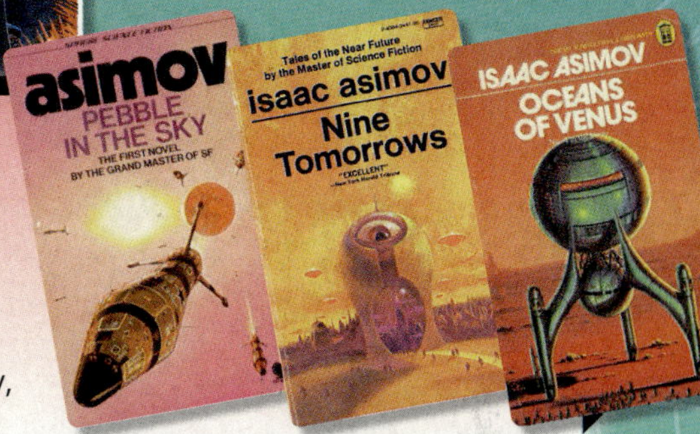

RNG

585.000 millones

Número de años que tardarías en encontrar todos los planetas de *No Man's Sky*, ¡aunque descubrieras un nuevo mundo cada segundo!

XP

Fecha: 2016
Desarrollador: Hello Games
Distribuidor: Hello Games

44 Juego de mascotas más popular

My Talking Tom

Tom no es un gato virtual cualquiera. Habla (cómo no) y pilota un avión de vez en cuando, cuando le apetece dar una vuelta. Pero, cuando deja de ser un minino, él y sus amigos necesitan tu ayuda para varias tareas. Lo que empezó siendo una aplicación curiosa, en la que Tom repetía todo lo que decías al micrófono, se hizo rápidamente viral. Se añadieron nuevos amigos, y ahora hay más de 20 títulos de *Tom & Friends*, con 470 millones de usuarios activos al mes y 23.000 millones de descargas de la serie. Tom también clavó las uñas en YouTube: su tráiler original, con fecha de 22-10-2013, se había visto 213,1 millones de veces en marzo de 2024, por lo que es el **tráiler más visto de una aplicación**.

XP

Fecha: 2010 (*Talking Tom Cat*)
Lanzamiento: Outfit7
Distribuidor: Outfit7

Más toques y más pimientos picantes en *MTT*

Dar toques a Tom es todo un clásico. Un jugador batió el récord de 130.534 toques en un año (¡unos 15 cada hora!) «Ojalá pudiera devolvértelo», dice Tom, cansado de tanto toquecito. Para liberar estrés no hay nada como dejar que Tom elija pimientos picantes para comer. Pero ¿2.700 millones? ¿Cada día? ¡Procura que el baño esté libre!

¡QUE LO SEPAS!

- Talking Tom amplió su audiencia con cinco temporadas de aventuras animadas en *Talking Tom & Friends*. Entre 2014 y 2021,se emitieron 156 episodios en YouTube y en canales de televisión de todo el mundo.
- En 2023, más de 49 millones de fans se unieron a las fiestas del décimo cumpleaños de *My Talking Tom*, la celebración digital más grande de la franquicia hasta la fecha.

Primero en la pantalla de la muerte de *Tetris* (NES)

43

Willis «Blue Scuti» Gibson

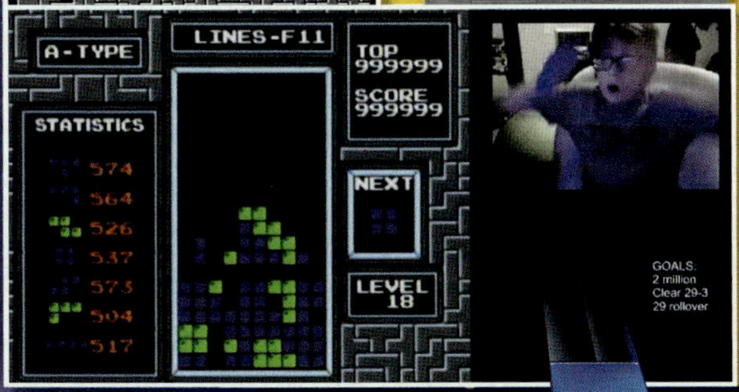

Desde que la primera versión de *Tetris* apareció tras el telón de acero (págs. 142-143) hace varias décadas, hay algo que no ha cambiado: el juego siempre gana. Hasta los mejores jugadores se sentirían abrumados por el torrente de bloques en caída libre. Esto era así hasta el 21-12-2023, cuando Willis «Blue Scuti» Gibson, de 13 años, consiguió llegar al nivel 157 y acumuló tantos puntos que el juego se bloqueó. Durante años se creía que era imposible superar el nivel 29, en el que los bloques empiezan a caer tan deprisa que los mandos no dan abasto. Pero los jugadores competitivos dieron con técnicas eficaces para cruzar la barrera (abajo).

Tamborileo ganador

Willis usó una técnica creada por el jugador Christopher «CheeZ» Martinez llamada *rolling*. Reservada para gente con reflejos rápidos y dedos ágiles, consiste en apretar parcialmente los botones mientras se tamborilea con los dedos la parte posterior del mando para registrar cientos de pulsaciones por segundo. Willis lleva un guante en la mano para reducir la fricción.

XP

Nombre: Willis Gibson
Nacimiento: 27-01-2010
Lugar: Stillwater, Oklahoma (USA)

NAVES ESPACIALES

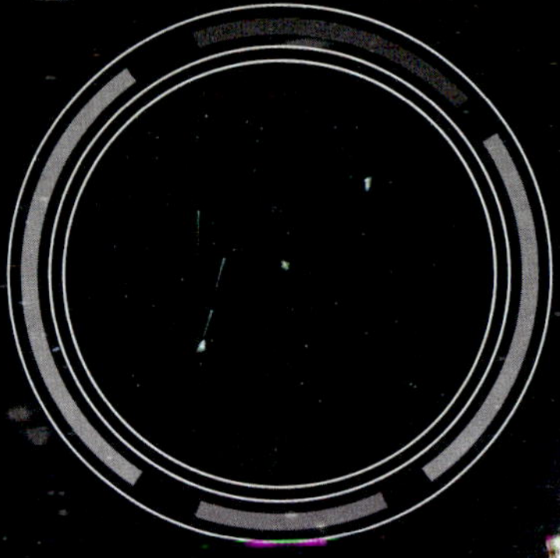

El primer videojuego que incluía una nave espacial fue *Spacewar!*, de 1962 (arriba a la derecha). En las seis décadas transcurridas desde entonces, el progreso tecnológico ha inspirado una gran diversidad de diseños de juegos y de las naves que aparecen en ellos. Pierre Salard, alias «@TheSpaceshipper», nos habla sobre las 10 naves espaciales más emblemáticas en el mundo de los videojuegos.

1

GALAXIP

***Galaxian* (1979)**

Prima lejana del Ala-Y de *Star Wars* (1977), la Galaxip dejó huella porque fue la primera nave de un videojuego que se representó en color. El juego también destacaba por el efecto de desplazamiento aplicado a las estrellas del fondo, lo que daba sensación de velocidad aunque la nave no se moviera.

2

HALCÓN DE ÉBANO

***Star Wars: Caballeros de la Antigua República* (2003)**

El videojuego de rol de Bioware cumple un antiguo deseo de los fans al ofrecer a los jugadores una nave de transporte que es también un hogar. Este carguero asimétrico de clase *Dinámica* cuenta con torretas desplegables, un mapa de la galaxia, un compartimento de contrabando y espacio para transportar un pequeño vehículo.

3

COBRA MK.III

***Elite* (1984)**

Esta icónica nave, el modelo para empezar a jugar, ocupaba un lugar destacado en el material promocional y en la pantalla de menú del clásico videojuego espacial de Acornsoft. El polivalente *Cobra*, un ala volante de elegante diseño, no ha envejecido. Los gráficos vectoriales en 3D de mundo abierto de *Elite* marcaron toda una generación de exploradores espaciales.

4

REAVER

***PlanetSide 2* (2012)**

Apodado el «ladrillo volador» por los pilotos más veteranos, este avión de ataque terrestre antigravedad es el caza de superioridad más rápido del Nuevo Conglomerado. La enorme potencia de disparo, la alta velocidad y la gran movilidad del *Reaver* contrarrestan el principal inconveniente de esta aeronave: su gran tamaño puede convertirla en un blanco fácil.

5

NAVE NODRIZA KUSHAN

***Homeworld* (1999)**

Construida a lo largo de varias décadas y controlada por tecnología cibernética, la *Nave Nodriza* se convirtió en el último refugio de los supervivientes del planeta Hiigara. Sirve de hogar, cuartel general militar y fábrica. Su diseño vertical destaca como un faro resplandeciente en la infinita extensión del espacio.

6

LA FRONTIER

Starfield **(2023)**

La Frontier es la emblemática nave para empezar a jugar en este juego de rol de Bethesda. Construida por Nova Galactic, esta antigua nave de clase *Discovery* totalmente modular es una especie de vivienda móvil para los jugadores. Los diseñadores se inspiraron en el obsoleto *Halcón Milenario* de *Star Wars* y en naves más elegantes de otras películas.

7

ARWING

Star Fox **(1993)**

Con su elegante diseño, el *Arwing* hizo las delicias de los jugadores de la SNES que acababan de descubrir el atractivo del 3D. La nave tiene una gran maniobrabilidad y una aceleración y deceleración instantáneas. El *Arwing*, cuyo nombre se inspira en su forma triangular de «A», sigue siendo una de las naves más logradas por su capacidad de realizar acrobacias.

8

LA ASTRONAVE

Outer Wilds **(2019)**

Una nave no tiene que tener un aspecto futurista para ser funcional. ¿Y qué mejor manera de explorar el sistema solar que en una nave espacial casera hecha de madera? Puede que esté hecha de retazos, pero *La Astronave* cuenta con una herramienta maravillosa: un ordenador que registra todos los descubrimientos realizados durante sus aventuras.

9

FRAGATA DE EXPLORACIÓN DE LA ALIANZA

Destiny **(2014)**

Bioware y Bungie lanzaron una actualización híbrida en 2017, ofreciendo a los jugadores de *Destiny* la oportunidad de lograr una nave espacial inspirada en la dirección artística de *Mass Effect*, más concretamente, la famosa *Normandy*. Bungie depuró las líneas de un diseño ya de por sí inspirado en el Concorde.

10

STINGER MANTIS

Star Wars: Jedi Fallen Order **(2019)**

La Mantis, un reluciente yate que recuerda el apogeo de la República, se parece muy poco al *Halcón Milenario* y a otras naves similares. Pero sigue siendo un hogar encantador para la tripulación, con una cocina y un salón al estilo de los años setenta. Esta nave añade un toque de glamur a la lucha contra el Imperio.

42 Primer videojuego multiplataforma

Spacewar!

Codificado a principios de la década de 1960 por Steve Russell (con la ayuda de hackers voluntarios), *Spacewar!* se utilizó para presentar el nuevo PDP-1 (abajo) en el laboratorio informático del MIT de Cambridge, en Massachusetts. El juego de combate espacial para dos jugadores fue un éxito entre los estudiantes locales y, cuando se graduaron, se llevaron el código de *Spacewar!* y lo adaptaron a todas las máquinas que encontraron. En poco tiempo, ya funcionaba en otros 14 modelos de ordenador. En octubre de 1972, *Spacewar!* sirvió como base de las Olimpiadas Intergalácticas de *Spacewar!*, el **primer torneo de videojuegos** y el **primer evento de eSports**.

«Todos los que se interesaban por los ordenadores en la década de 1960 lo conocían.»

Steve Russell, entrevistado en 2011.

XP

Fecha: 1961-1962
Desarrollador: Steve Russell
Primera plataforma: PDP-1

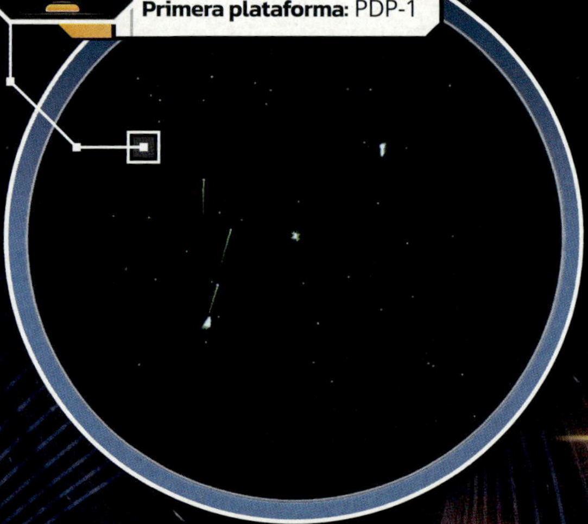

El inicio de otro programa espacial

Cuando Steve Russell se puso a buscar una forma mejor de demostrar la potencia del PDP-1 que no fuese generando patrones, acababa de leer las novelas de ciencia ficción de la serie *Lensman*, de Edward E Smith. «Lo más lógico era hacer naves espaciales —explicó en *Rolling Stone* en 1972—. Tenía unas descripciones brillantes de encuentros con naves espaciales».

GEFORCE NOW

XP

Lanzamiento: 04-02-2020
Suscriptores: 25 millones
Juegos: 1.827

Tom Clancy's Rainbow Six Siege (Ubisoft, 2015)

Conqueror's Blade (Booming Tech, 2019)

R N G

25.000.000

Número de suscriptores, a fecha de abril de 2024. Esto supone un fuerte aumento respecto a los 10 millones que la empresa con sede en California anunció en abril de 2021.

Monster Hunter Rise (Capcom, 2021)

Mayor servicio de juegos en streaming

41

GeForce NOW

A medida que las conexiones a Internet son más rápidas y que el hardware necesario para jugar se amplia y se vuelve más exigente, hay personas que recurren a servicios de streaming en la nube, que permiten jugar de forma remota desde tu dispositivo. Este sistema tuvo unos comienzos difíciles, pero GeForce NOW de Nvidia logró salir adelante. A fecha de 24-02-2024, disponía de 1.827 juegos con licencia a través de asociaciones con Epic, Xbox, Steam y otros. Para quienes no disponen de un PC para jugar, pero sí de una buena conexión a internet, ofrece la posibilidad de jugar a títulos como los que se muestran en esta página.

Counter-Strike 2 (Valve, 2023)

40 Exclusivo para PC más vendido

Garry's Mod

Este juego de física en el que tienes libertad de hacer lo que quieras se creó en 2006 y empezó como un mod del desarrollador en solitario Garry Newman (dcha.), que funcionaba como una versión modificada de *Half Life 2*, de Valve. Se ha convertido en uno de los juegos más populares para PC, con más de 20 millones de copias vendidas. *GMod* se creó con el motor de juegos 3D *Source,* desarrollado por Valve. No plantea retos ni cuenta historias, sino que ofrece a los jugadores un lienzo en blanco para crear juegos, animar películas... ¡o incluso crear cañones que disparan sandías! Como explica Garry, «es un juego de tipo sandbox. Te proporcionamos las herramientas y te dejamos jugar».

XP

Fecha: 2006
Desarrollador: Facepunch Studios
Distribuidor: Valve

Las cosas por su nombre

En 2012, Garry dijo que se arrepentía de no haber llamado a su sensacional mod *Sandbox*. Por esto, cuando empezó a trabajar en un nuevo título, lo llamó *S&box* (¿lo pillas?). El juego está desarrollado con una versión muy modificada de Source 2, y Facepunch recalca que «no va a ser *Garry's Mod 2*».

Versión exclusiva para PC que más rápido se ha vendido

Mientras que *Garry's Mod* ha tenido unas ventas lentas pero constantes, *Shadowlands*, la octava expansión para el MMORPG *World of Warcraft* (Blizzard, pág. 24), vendió más de 3,7 millones de unidades en sus primeras 24 h en noviembre de 2020. Esta cifra batió el récord anterior de 3,5 millones establecido por *Diablo III* (2012), otro Blizzard.

KOI, el club de eSports cofundado por Ibai en 2021.

XP

Nombre: Ibai Llanos Garatea
Nacimiento: Bilbao, el 26-03-1995

Ibai (izquierda) retrasmitiendo el Mid-Season Invitational de *League of Legends* en mayo de 2023.

R N G

75.742

Audiencia media de Ibai en Twitch, lo que lo sitúa en el cuarto puesto de la clasificación general a fecha de marzo de 2024. En el n.º 1 está «Michou» (Miguel Mattiol, FRA), con una media de 108.862 espectadores.

Audiencia máxima en Twitch

39

Ibai

El 01-07-2023, el streamer Ibai (ESP) reunió a 3,4 millones de espectadores simultáneos en Twitch mientras retransmitía su evento de boxeo, *La Velada del Año 3* , desde el Estadio Civitas Metropolitano de Madrid. Ese día se disputaron varios combates en el mundo real, pero fue el último, entre el streamer Coscu y el youtuber Germán Garmendia, el que atrajo a más público. El récord anterior de 3,35 millones de espectadores también lo había establecido Ibai, en *La Velada del Año 2*, en 2022.

Cuestión de números

Cuando no está organizando eventos de boxeo o dirigiendo a su equipo de eSports, KOI (arriba), Ibai pasa la mayor parte de su tiempo en Twitch chateando: una friolera de 2.256 h (96 días enteros) a fecha de 14-2-2024. Sus 15,5 millones de seguidores también han visto cómo pasaba un total de 1.291 h (53 días) jugando al *League of Legends*, 428 h (17 días) con el *Minecraft* y 240 h (10 días) con *Among Us*.

XP

Nombre: Paweł Siciński
Equipos: 46
Temporadas: 520

38 Juego más largo de *Football Manager*

Paweł Siciński

Como se comprobó en julio de 2023, Paweł (POL, arriba a la derecha) terminó una descomunal sesión de *FM* que duró el equivalente en el juego a 528 años y 137 días. En 310 años al frente de un club islandés, ganó 301 títulos nacionales. «Mi mayor logro», declaró. Compara esta cifra con el promedio de tiempo que se juega en la *Premier League* inglesa: ¡en octubre de 2022, fue de dos años y cuatro días!

¡QUE LO SEPAS!

En pleno partido, un fan chileno de *FM* se dio cuenta de que el actual delantero del Sheffield United, Ben Brereton, era medio chileno, de forma que hizo todo lo posible para que Ben formara parte de la verdadera selección nacional. Desde su debut, Ben (derecha) ha marcado siete goles (uno contra Argentina, campeona del mundo). Para honrar sus raíces, ahora se hace llamar Ben Brereton Díaz.

Partido suspendido

Darren Bland (UK, abajo) estuvo 154 temporadas al frente de la Fiorentina (ITA) en *FM 2010*. Solo la caída accidental de una bebida sobre su portátil le impidió continuar. En el mundo de los videojuegos, probablemente esto equivale a un campo anegado. Aun así, fue suficiente para establecer el récord antes de que llegara Paweł.

El dinero mueve el balón

Como reflejo del creciente interés de Oriente Medio por este deporte, Al-Ittihad (KSA) es el **club más rico de *Football Manager 2024***, con un saldo de 454 millones de dólares. Los tres primeros puestos los completan los equipos saudíes Al-Hilal y Al-Nassr, seguidos del Manchester City, el Tottenham Hotspur y el Manchester United.

Mayor zona jugable en un mundo abierto dibujado a mano

37

Silk

El juego de rol *Silk* se desarrolla en un mapa que abarca 7,7 millones de km^2. Sigue la ruta de la antigua Ruta de la Seda tal y como era en el siglo III d. C. y, aunque parezca increíble, no se genera dinámicamente, sino que está preprogramado en el juego. *Minecraft* (Mojang Studios, 2011) tiene 3.800 millones de km^2, pero se genera proceduralmente. Hay mucho que ver y hacer, pero si lo que quieres es explorar, conquistar o establecer un imperio comercial, dispones de unos pintorescos personajes conocidos como Asesores que te ayudarán.

XP

Fecha: 2019
Desarrollador: ihobo
Distribuidor: Huey Games

El largo y sinuoso camino

El mapa del juego sigue una ruta comercial histórica desde la Damasco romana (en la actual Siria) hasta la China de los Tres Reinos. El destino final es Chengdu, un recorrido de 6.284 km —sin tener en cuenta los desvíos— que equivale aproximadamente a caminar hasta el centro de la Tierra.

R N G

37

Número de veces que es más grande el mundo de *Silk* en comparación con los 209.331 km^2 del anterior titular del récord, *The Elder Scrolls II: Daggerfall* (Bethesda, 1996).

> «*GTA VI* sobrepasa los límites de lo posible en experiencias de mundo abierto basadas en historias.»

Sam Houser, ganador de un BAFTA y cofundador de Rockstar.

Los 5 tráilers de videojuegos más vistos

Subway Surfers (2012)	**361,57 millones**
GTA VI (2024)	187,080 millones
Clash of Clans (2012)	176,09 millones
Minecraft (2011)	169,24 millones
Among Us (2018)	169,24 millones

(Tráilers de juegos en YouTube, a fecha de 24-04-2024)

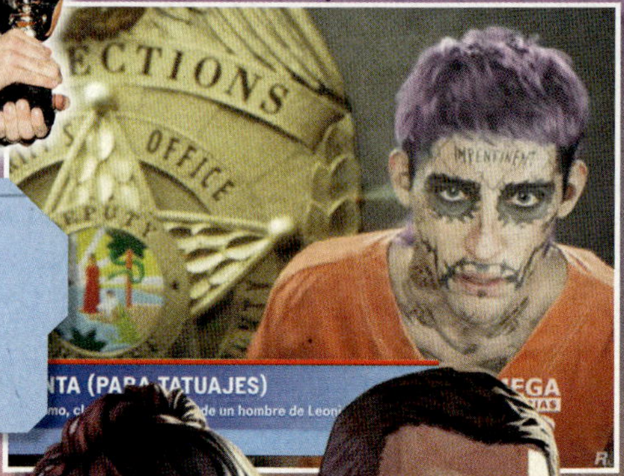

36 Tráiler de un juego más visto en 24 h

Grand Theft Auto VI

Una década más tarde desde el lanzamiento de *GTA V*, cualquier insinuación de una sexta entrega despertaba un enorme interés. No es de extrañar, por tanto, que el tráiler de presentación de *GTA VI*, subido a YouTube el 4-12-2023, haya sido visto 173.793.300 veces a fecha de 24-04-2024. La cifra récord de 93 millones de visitas se registró el primer día, lo que lo convirtió en **el vídeo no musical más visto en 24 horas**. Los fans se apresuraron a echar un vistazo a los protagonistas del juego, Lucía y Jason, y a la ficha policial de alguien con un parecido evidente al Joker (recuadro superior). No quedaron decepcionados: con 11 millones de pulgares hacia arriba, es también **el tráiler de un juego con más «me gusta»** de la historia.

XP

Fecha: 4-12-2023
Desarrollador: Rockstar
Distribuidor: Rockstar

Primer documental interactivo

35

Atari 50

Regreso al futuro

Por si los 103 juegos originales de *Atari 50* no fueran suficientes, también hay seis nuevos títulos de Digital Eclipse que se inspiran en el catálogo anterior de la compañía. Son *Haunted Houses*, *VCTR-SCTR* y *Yars' Revenge Enhanced*, además de, como se muestra abajo de izquierda a derecha, *Swordquest: AirWorld*, *Quadratank* y *Neo Breakout*.

En 2022, el desarrollador de juegos Digital Eclipse presentó un documental para celebrar el 50.º aniversario de la empresa estadounidense Atari, pionera del ocio electrónico. A diferencia de las experiencias de Netflix o YouTube, *Atari 50: The Anniversary Celebration* permite a los usuarios de consolas y PC jugar a más de 100 juegos históricos de la empresa, entre ellos *Asteroids*, *Pong* y *Missile Command*.

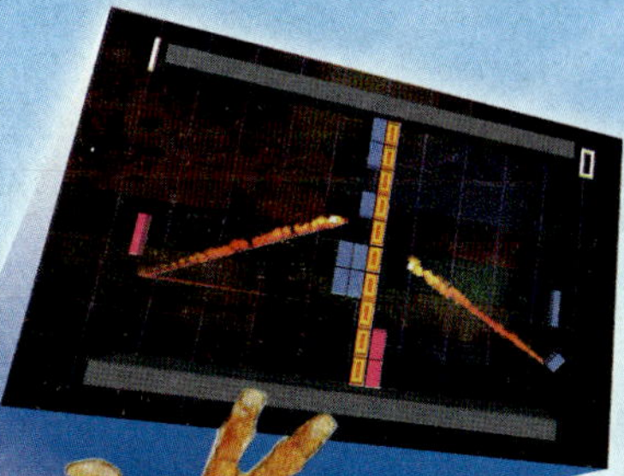

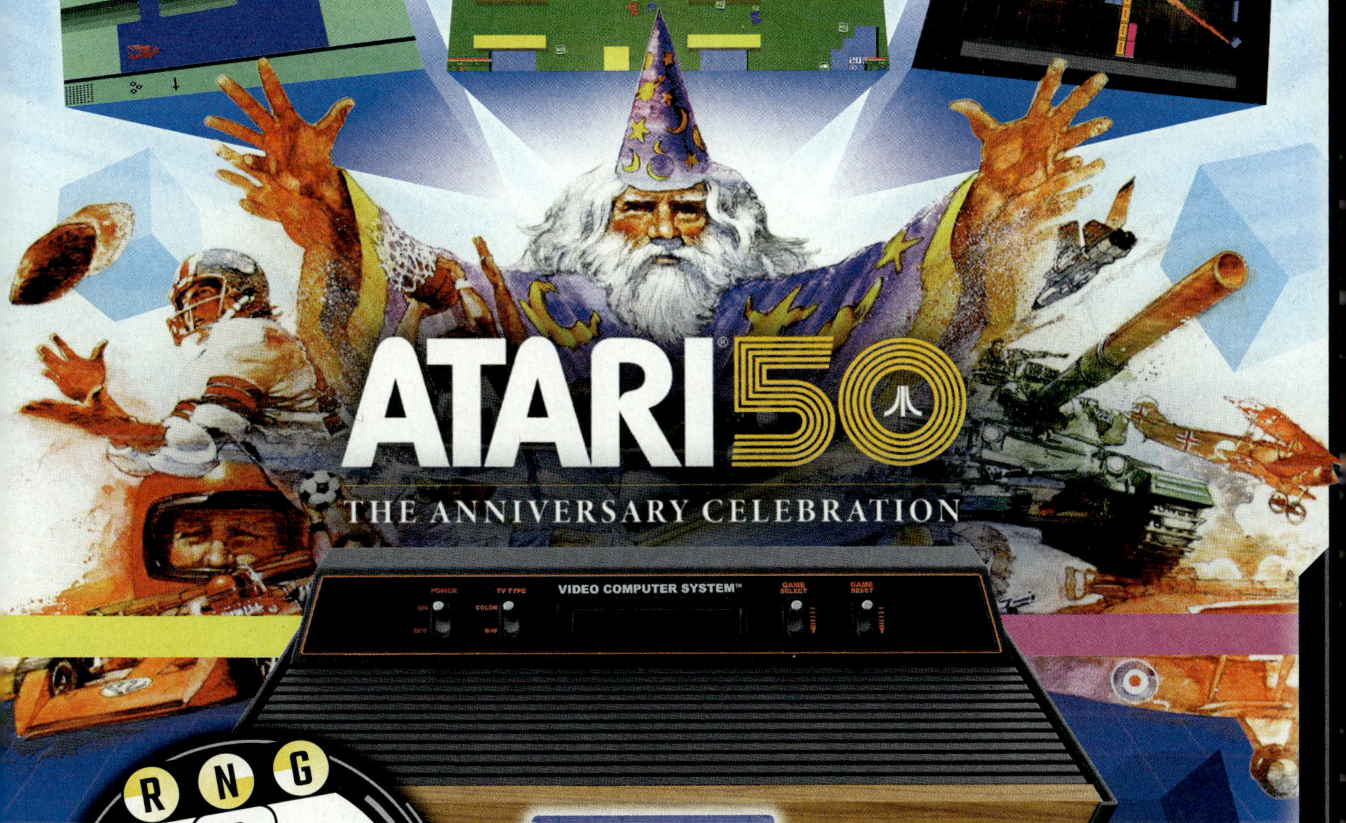

RNG

9

Número de títulos de lanzamiento en 1977 para la Atari 2600, entre los que se incluían *Air-Sea Battle*, *Indy 500*, *Basic Math*, *Video Olympics*, *Black Jack* y *Combat*.

XP

Fecha: 2022
Desarrollador: Digital Eclipse
Distribuidor: Atari

XP

Nombre: Yang Binglin
Nacimiento: 10-12-1935
Alias: Gamer Grandpa

34 El más veterano

Yang Binglin

Incluso después de dedicarse a la investigación científica y a la ingeniería del petróleo y el gas, Yang Binglin (CHN, nacido el 10-12-1935) no estaba preparado para una jubilación sin sobresaltos. Poco después de que su familia lo iniciara en los videojuegos, se aficionó a cargarse a los zombis de *Resident Evil*; ha llegado a completar más de 300 juegos. Con 88 años y 131 días a fecha de 19-04-2024, suele retransmitir en directo y colgar vídeos como creador de contenido para la web Bilibili, compartiendo notas y estrategias. Sus más de 270.000 suscriptores lo ven en acción en juegos como *Battlefield V* (DICE, 2018) y *Gran Turismo Sport* (Polyphony Digital, 2017, arriba).

Binglin disfruta de los retos que plantea el FPS *Battlefield V*.

«Quiero contribuir más como bloguero de videojuegos para guiar a los jóvenes.»

Yang Binglin

Youtuber de videojuegos más mayor

La matriarca actual de los youtubers de videojuegos es Hamako Mori (JPN, nacida el 18-02-1930, izq.), que retransmite como «Gamer Grandma». A fecha de 19-04-2024, Hamako seguía retransmitiendo a la edad de 94 años y 61 días. En 2019 le arrebató el título a Shirley Curry (USA, dcha.) que, en la misma fecha, tenía 88 años y 17 días.

Terraria

Hogwarts Legacy

HELLDIVERS II

Más jugadores simultáneos en un debut en Steam

33

Palworld

Lo normal es que la base de jugadores de un juego vaya aumentando a tenor de las buenas críticas y el boca a boca. Como se le dio tanto bombo publicitario, el ascenso de *Palworld* (pág. 66) fue meteórico. El 27-01-2024, este llamativo juego de construir y destruir atrajo nada menos que 2.101.867 jugadores solo ocho días después del lanzamiento. En este breve período, también superó a *Baldur's Gate 3*, de Larian Studios, y a *Elden Ring*, de FromSoftware. El único juego que iba por delante a fecha de 25-04-2024 era *PUBG: Battlegrounds* (PUBG Studios, 2017), que obtuvo un máximo espectacular de 3.257.248 jugadores en enero de 2018.

Juegos de mundo abierto más jugados en Steam

Juego	Juegos
Palworld (2024)	2.101.867
Cyberpunk 2077 (2020)	1.054.388
Elden Ring (2022)	953.426
New World (2021)	913.634
Hogwarts Legacy (2023)	879.308
Valheim (2021)	502.387
Terraria (2011)	489.886
Fallout 4 (2015)	472.962
HELLDIVERS 2 (2024)	458.709
Sons of the Forest (2024)	414.257

steamdb.info, a fecha de 25-04-2024.

Más jugadores simultáneos en Steam en 24 horas

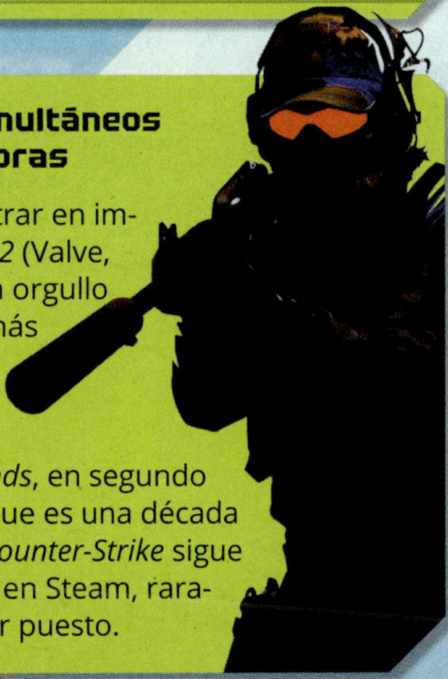

En el momento de entrar en imprenta, *Counter-Strike 2* (Valve, 2023) encabezaba con orgullo la lista de los juegos más jugados en Steam las últimas 24 horas, el doble de popular que *PUBG: Battlegrounds*, en segundo lugar. De hecho, aunque es una década mayor, la franquicia *Counter-Strike* sigue siendo una constante en Steam, raramente lejos del primer puesto.

XP

Fecha: 2024
Desarrollador: Pocket Pair
Distribuidor: Pocket Pair

32 Simulación social más popular

Una familia Sim feliz en el pack de expansión *Creciendo en familia* de 2023.

Los Sims 4

¿Quieres ayudar a los solitarios Sims a desarrollar carreras y formar familias y hogares... o a orquestar una serie de extraños y fatales accidentes domésticos? Gracias a la franquicia de *Los Sims*, que comenzó en el año 2000, podemos vivir tantas vidas como deseemos desde la comodidad de nuestros hogares (reales). A fecha de abril de 2023, más de 70 millones de personas habían jugado a ser dioses con el cuarto juego de esta serie de simulación social, récord de ventas.

XP

Fecha: 2014
Desarrollador: Maxis
Distribuidor: EA

¡QUE LO SEPAS!

El noveno pack de juegos para *Los Sims 4* te lleva muy lejos, hasta el Borde Exterior y el planeta desértico de Batuu. Allí, deberás elegir a qué facción seguir: formar equipo con Rey como luchadora de la Resistencia o unirte a Kylo Ren y a la Primera Orden. Los personajes de *Star Wars* aparecen en este lanzamiento de 2020, el **primer pack de *Los Sims* basado en una franquicia cinematográfica**.

Todo queda en familia

El creador de *Los Sims*, Will Wright (USA), es el cerebro de algunos de los juegos de simulación de vida más importantes de todos los tiempos, como el popular *SimCity* (1989). La idea para *Los Sims* se le ocurrió después de que su casa de California se quemara tras un incendio forestal en 1991. Wright empezó a pensar en construir una casa desde cero, y así nacieron *Los Sims*.

Videojuego de Harry Potter más aclamado por la crítica

LEGO® Harry Potter: Años 1-4 (Traveller's Tales, 2010) tiene una puntuación de 79 en Metacritic a fecha de 12-02-2024, lo que lo convierte en el juego más aclamado de todos los protagonizados por el mago huérfano. Te permite reproducir los principales acontecimientos de las cuatro primeras películas/libros en versión LEGO.

Videojuegos de Harry Potter más aclamados por la crítica

Videojuego	Puntuación en Metacritic
LEGO Harry Potter: Años 1-4	79
Harry Potter: Eleva la Magia	78
LEGO Harry Potter: Años 5-7	77
Harry Potter y la cámara secreta	71
Harry Potter y el prisionero de Azkaban	70

Metacritic, a fecha de 24-04-2024.

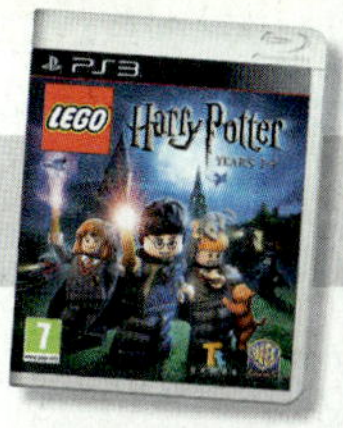

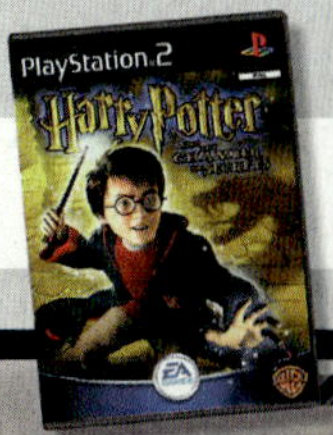

Juego para un jugador más visto en Twitch

31

Hogwarts Legacy

El 09-02-2023, durante su período de acceso anticipado en Twitch, el esperado juego de rol del universo Wizarding World atrajo a 1.280.000 espectadores simultáneos. El juego, ambientado en el Colegio Hogwarts de Magia y Hechicería 100 años antes de los acontecimientos narrados en las novelas de Harry Potter, fue un triunfo para Warner Bros., ya que a fecha de enero de 2024 había vendido más de 24 millones de unidades y había recaudado más de 1.000 millones de dólares. Con una puntuación de 84 en Metacritic, es también el videojuego del universo **Wizarding World más aclamado por la crítica**.

XP

Fecha: 2023
Desarrollador: Avalanche Software
Distribuidor: Warner Bros. Games

30 Mayor salida de Xbox Studio

Forza Horizon 5

La quinta edición de la serie de mundo abierto *Horizon*, de Playground Games, empezó a lo grande, con 4,5 millones de jugadores en las primeras 24 horas (y 10 millones al final de semana). Desde entonces, la tabla de récords que forma parte del juego no ha parado de aumentar: a fecha de 12-02-2024 contaba con 37 millones. Aunque el juego tiene tres años, los jugadores siguen pisando el acelerador por los caminos de tierra y las autopistas de su exuberante paisaje mexicano. Con más de 500 coches personalizables y una lista de retos que no para de actualizarse, los corredores siempre tienen ganas de más.

Date una vuelta en el Chevy de Barbie

El 26-06-2023, antes del estreno de la película *Barbie*, los jugadores de *Forza* recibieron una copia del famoso Corvette rosa de Barbie y del Hummer H2 descapotable de Ken. No eran meras versiones tuneadas; los dos coches de edición limitada eran eléctricos y, como los de verdad, tenían una escala poco acertada: ¡la cabeza de los jugadores quedaba por encima del parabrisas!

XP

Fecha: 2021
Desarrollador: Playground Games
Distribuidor: Xbox Game Studios

¡QUE LO SEPAS!

La primera expansión de *FH5* retomó la colaboración con el fabricante de coches a escala Hot Wheels, que empezó con *FH3*. Diez coches de HW se sumaron a la acción que transcurre en un circuito naranja que atraviesa las nubes de México. Estas colaboraciones son mutuas: Mattel sacó a la venta una serie de coches a escala de HW de la alineación de *FH5*.

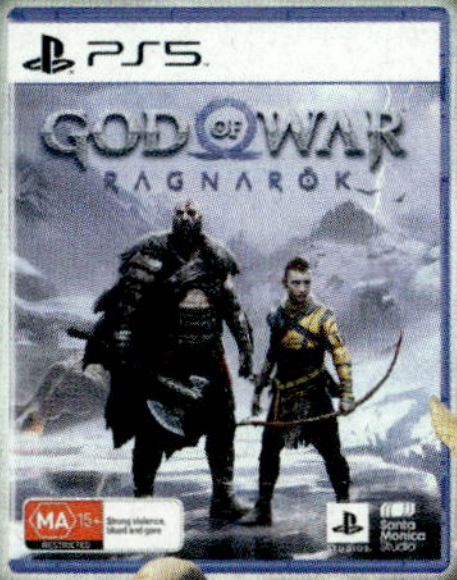

Exclusivo para la PS más rápido en venderse

29

God of War Ragnarök

Incluso después de 17 años y las ocho aventuras anteriores, el poderoso Kratos sigue batiendo récords con su mortífera hacha Leviatán. Tras su lanzamiento, que tuvo lugar el 09-11-2022, *God of War Ragnarök* vendió 5,1 millones de copias para la PS4 y PS5 en solo cinco días. A fecha de 22-01-2023, esta cifra se había más que duplicado, alcanzando los 11 millones. A finales de año, ya eran 15 millones. En comparación, *Spider-Man 2* (2023), que el primer día registró mejores datos (pág. 32), «solo» ha acumulado 10 millones hasta la fecha.

Temas compartidos

El set de contenido descargable *God of War: Valhalla* (2023, abajo) transporta a Kratos al «salón de los muertos» sagrado. La exploración de esta parte de la mitología nórdica también fue el tema de otra expansión, *Assassin's Creed Valhalla: El Amanecer del Ragnarök* (Ubisoft Montreal), que salió a la venta en 2022.

RNG

15

Nominaciones que recibió *Ragnarök* en los premios BAFTA de videojuegos de 2023. Finalmente, se llevó cinco galardones, además del premio del público EE Juego del Año.

XP

Fecha: 2022
Desarrollador: Santa Monica Studio
Distribuidor: Sony

Las 10 bandas sonoras más escuchadas en streaming

Desde que el diseñador Tomohiro Nishikado compuso la música de fondo en bucle para *Space Invaders* en 1978, las bandas sonoras han sido un elemento clave de los videojuegos. Esta lista está basada en la cantidad de reproducciones en Spotify de las distintas canciones de una banda sonora para obtener las reproducciones totales de cada álbum.

Red Dead Redemption II
(Rockstar, 2018)

Los temas enérgicos y melancólicos de superestrellas como D'Angelo y Willie Nelson conforman una banda sonora que es el complemento perfecto del ocaso del salvaje Oeste en Estados Unidos.

NieR: Automata
(PlatinumGames, 2017)

La estimulante banda sonora de Keiichi Okabe, grabada con otros miembros de su grupo Monaca, ofrece un repertorio ecléctico que ameniza la mecánica del juego de *NieR*. La canción «City Ruins (Rays of Light)» es la más destacable.

Call of Duty: Black Ops – Zombies (Ideaworks, 2011)

No es habitual que el modo de un videojuego tenga su propia banda sonora, como los temas de *heavy metal* que suenan en el modo «Zombis», al igual que muchos contenidos ocultos de los distintos mapas.

The Last of Us
(Naughty Dog, 2013)

La delicada y sombría banda sonora de Gustavo Santaolalla potencia el sentido de pérdida que impregna la aventura de Joel y Ellie. El tema principal también forma parte de la introducción en la adaptación de la serie de HBO.

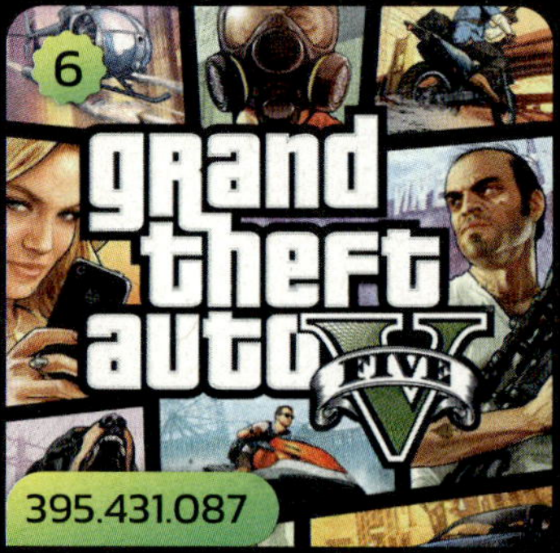

Grand Theft Auto V
(Rockstar, 2013)

Rockstar creó una radio dentro del juego que permite sintonizar 16 emisoras con más de 441 canciones con derechos de autor. Una mezcla de rap, *R&B*, música electrónica y pop complementa las aventuras urbanas de *GTA V*.

Doom
(id Software, 2016)

La música de la nueva versión de *Doom* es digna del revolucionario videojuego original: una banda sonora de *hard rock* que incita al jugador a cebarse con los demonios. Además, incluye un montón de contenidos ocultos geniales.

Spotify

Once Upon A Time
Toby Fox

4 · 481.247.306

3 · 672.206.070

2 · 1.424.286.360

The Witcher 3: Wild Hunt
(CD Projekt Red, 2015)

Una banda sonora tan intensa y evocadora como la gran aventura del videojuego. El compositor Marcin Przybyłowicz contó con la colaboración de la Orquesta Estatal de Brandenburgo de Fráncfort (Alemania) y el grupo de música folk Percival para crear una música épica inspirada en la cultura eslava del centro y el este de Europa.

The Elder Scrolls V: Skyrim
(Bethesda Game Studios, 2011)

Skyrim gira en torno a los dragones, por lo que el tema principal, «Dragonborn», incluye letras en dovazhul, el lenguaje ficticio de los dragones en el juego. La épica banda sonora de Jeremy Soule transporta al oyente a la Carrera Blanca, a Soledad y, por supuesto, a la indómita provincia septentrional de Tamriel.

Minecraft
(Mojang Studios, 2011)

La banda sonora de *Minecraft* está formada por dos álbumes, *Volume Alpha* y *Beta*, ambos del músico alemán Daniel Rosenfeld (alias «C418»). Todos los temas de esta selección de música electrónica ambiental son muy populares. El más destacado es el sobrio «Sweden», con nada menos que 153 millones de reproducciones, el complemento ideal del videojuego.

1 · 1.487.185.270

Undertale **(Toby Fox, 2015)**

El exitoso juego de rol en 2D de Toby Fox cuenta con una banda sonora retro que él mismo compuso. La mayoría de los 101 temas cuentan con millones de reproducciones, pero la pegadiza «MEGALOVANIA», con aires de *chiptune*, se lleva la palma con la friolera de 164 millones de reproducciones a fecha de 16-03-2024, suficiente para ser la **canción de un videojuego más popular en Spotify**. «MEGALOVANIA», que suena durante una pelea contra Sans el Esqueleto, ha sido objeto de incontables memes y remezclas en redes sociales, e incluso ha aparecido en otros juegos.

Por extraño que parezca, en 2022 un grupo la tocó durante la representación de un número de circo para el papa Francisco. No sabemos si el pontífice es fan de *Undertale*, pero sin duda disfrutó del espectáculo. Dio las gracias a los artistas y afirmó que «la belleza nos lleva hasta Dios».

28 Mayor batalla en primera persona

PlanetSide 2

En respuesta al grito de guerra del desarrollador Rogue Planet Games del 05-11-2022, 1.530 jugadores armados hasta los dientes pusieron rumbo al mundo devastado por la guerra de Auraxis. La colosal batalla virtual fue el resultado de un reto para batir el récord anterior de 1.158 jugadores del mismo juego, conseguido en 2015. En un tuit posterior a la nueva marca, el distribuidor Daybreak prometió premiar a los participantes con un título especial en el juego, añadiendo: «Gracias por esta locura».

XP

Fecha: 2022
Desarrollador: Rogue Planet Games
Distribuidor: Daybreak Game Company

Una fiesta de cumpleaños muy concurrida

PlanetSide 2 se lanzó en noviembre de 2012, así que el intento de récord fue el regalo de Daybreak por el décimo cumpleaños de su juego gratuito. Este juego de disparos en primera persona multijugador masivo en línea (MMOFPS) cuenta con un sinfín de aficionados que prefieren el caos de sus multitudinarias batallas a las tensas escaramuzas de reacción rápida de la serie *Call of Duty*.

El tanque Vanguard entrando en acción en el Nuevo Conglomerado.

¡Pwn!

¡Dedícale tiempo a la creación del personaje! Los tres imperios dan acceso a armas, tanques y aeronaves únicos. La República Terran cuenta con los vehículos más rápidos, el Nuevo Conglomerado apuesta por los tanques pesados y la Soberanía Vanu tiene debilidad por las armas láser. ¡Elige bien!

Más premios al Videojuego del Año

27

Elden Ring

En el vasto mundo de los videojuegos, 2022 fue el año de *Elden Ring*. Había 599 premios al Videojuego del Año y el RPG de acción de FromSoftware se llevó 435 (un 72,6 %) de ellos. No existe la clave del éxito, pero la participación de Hidetaka Miyazaki (*Dark Souls*) como director y de George R. R. Martin (*Juego de Tronos*) como creador de mundos tuvieron mucho peso. Si te fijas bien, los nombres de los titulares, las páginas web y los pódcast que votaron a *Elden Ring* forman parte del fondo de esta imagen del Sinluz.

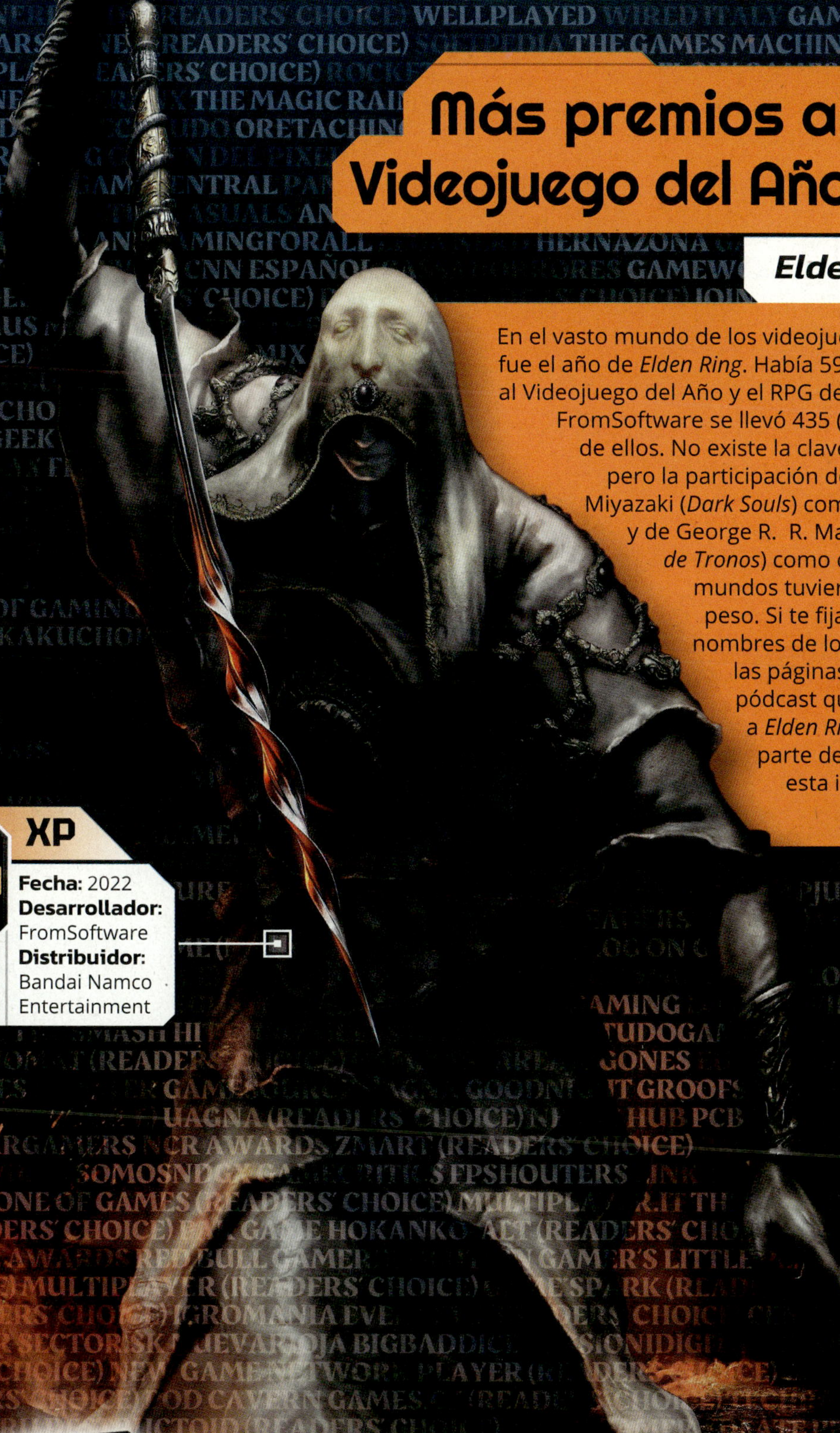

XP

Fecha: 2022
Desarrollador: FromSoftware
Distribuidor: Bandai Namco Entertainment

Godrick, el Injertado, un jefe semidiós opcional.

26 Serie de videojuegos más longeva

XP
Lanzamiento: 1971
Desarrollador: MECC
Distribuidor: Varios

The Oregon Trail

TOT capturó la travesía de día y de noche.

El difícil trayecto de 3.218 km rumbo al oeste para empezar una nueva vida a mediados del siglo XIX en Estados Unidos duraba 160 días de media. Por tanto, es lógico que el juego educativo que recorre la ruta de Oregón sea igual de arduo. A fecha de 19-02-2024, llevaba 52 años y 78 días en activo. En este tiempo, ha experimentado muchos cambios. Al principio era una herramienta de texto para enseñar a los niños la vida de los pioneros, pero se ha convertido en una serie de gran riqueza gráfica para elegir las propias aventuras, como en *The Oregon Trail: Boom Town* (Tilting Point) de 2022.

La historia de principio a fin

En 1971, la intención del juego de recrear fielmente la ruta de Oregón no hizo justicia con los personajes nativos americanos. Tras consultar con expertos, los creadores de la versión de 2021 abordaron los prejuicios y estereotipos sobre las costumbres, el habla y el vestuario e integraron más a los personajes en el juego.

¡QUE LO SEPAS!

The Oregon Trail es el origen de muchos memes clásicos, el más popular de los cuales es el mensaje del final del juego, que dice que has muerto de disentería. Los jugadores corren el riesgo de contraer esta infección intestinal si descuidan la higiene, no comprueban el estado del agua o comen alimentos contaminados. En la vida real, se calcula que uno de cada diez pioneros no llegó a su destino.

Carro cubierto más grande

Hecho a mano con madera de roble y acero por David Bentley (USA), este carro real mide 12,2 m de largo y 7,6 m de alto. La enorme estructura (que se halla en la ruta 66, en Lincoln, Illinois) solo cuenta con un pasajero: el expresidente Abraham Lincoln, representado con una figura de fibra de vidrio de 3,6 m de alto.

XP

Fecha: 2003
Desarrollador: CCP Games
Distribuidor: CCP Games

Mayor batalla en modo PvP multijugador

25

EVE Online – Fury at FWST-8

De *Star Trek* a *Mass Effect*, las batallas espaciales épicas hacen las delicias de todas las franquicias de ciencia ficción, pero ninguna ha sido tan multitudinaria como esta del gran simulador espacial de CCP Games. El 06-10-2020, dos facciones multijugador masivas (PAPI e Imperium) se enfrentaron por el control del sector FWST-8, concentrando 8.825 jugadores en una batalla de 12 horas. En el punto álgido, había 6.557 pilotos a la vez: la **mayor cantidad de participantes simultáneos en una batalla en modo PvP**. La facción Imperium se impuso, pero la batalla supuso para ambos bandos la pérdida de 1.308 acorazados, 836 cruceros y 414 destructores.

¡QUE LO SEPAS!

En contraste con los miles de personas que participaron en el récord del espacio profundo de *EVE Online*, el próximo juego de mesa *EVE: War for New Eden* limita el número de jugadores a cuatro. Los estrategas del Imperio Amarr, el Estado Caldari, la República Minmatar o la Federación Gallente podrán mirar a los ojos a los rivales y averiguar sus puntos débiles.

Mayor robo virtual en un MMO

La economía de Nuevo Edén gira en torno a los ISK (kréditos interestelares), una moneda que se representa con el símbolo Z– y que, como en el mundo real, está expuesta al saqueo. El atraco más audaz hasta la fecha se produjo, sin que hubiera ningún disparo, en abril de 2023, cuando dos jugadores forzaron la adquisición de una corporación de 299 miembros. En consecuencia, la Event Horizon Expeditionaries perdió acciones por valor de 2,2 billones de ISK, el equivalente a 22.497 dólares.

24 Juego de superhéroes mejor valorado por la crítica

Batman: Arkham City

El segundo juego de la serie *Batman: Arkham* de Rocksteady tuvo un enorme éxito: vendió 12,5 millones de copias el primer año, ganó una batcueva llena de premios y, a fecha de 21-02-2024, había obtenido nada menos que 94 puntos basados en 87 críticas. Ha recibido muchos elogios, como el calificativo de «el mejor juego de Batman de todos los tiempos», según *The Guardian*. Este clásico de acción y aventuras permite deambular por el mundo abierto de Arkham City como Batman o como Catwoman (Robin y Nightwing eran contenido descargable), luchando contra el repertorio de batvillanos.

XP

Fecha: 2011
Desarrollador: Rocksteady Studios
Distribuidor: Warner Bros.

Ahora, *Arkham City* está disponible para la Switch como parte de la *Arkham Trilogy* de 2023.

RNG

23

Número de puntuaciones perfectas (de 100) para *Arkham City* en Metacritic. Solo cinco críticos lo puntuaron por debajo de 90. *Game Informer* lo definió como «el mejor juego con licencia de la historia».

La interpretación de Hamill va en serio

Mark Hamill (Luke Skywalker en la saga *Star Wars*) ha interpretado a la némesis de Batman, el Joker, varias veces desde 1992, tanto en series de televisión animadas como en videojuegos. Su reinterpretación del personaje en *Arkham City* le valió un BAFTA a la mejor interpretación.

Los 5 juegos de superhéroes mejor valorados por la crítica

Juego	Puntuación
Batman: Arkham City	94
Batman: Arkham Asylum	92
Marvel's Spider-Man 2 (dcha.)	90
Injustice 2: Legendary Edition (izq.)	88
Marvel's Spider-Man	87

Metacritic, a fecha de 17-04- 2024.

R N G

4.483.253

Media de horas de visualización semanal de contenido de *WoW* en Twitch, a fecha de marzo de 2024, lo que demuestra su popularidad.

XP

Fecha: 2004
Desarrollador: Blizzard
Distribuidor: Blizzard

MMORPG mejor valorado por la crítica

23

World of Warcraft

La saga ambientada en Azeroth encabeza la lista de MMORPG de Metacritic con una puntuación de 93 a partir de 57 críticas, un punto por delante de *Final Fantasy XIV: Endwalker* (Square Enix, 2021), a fecha de 17-04-2024. Blizzard ha revelado que el desarrollo del juego les costó la friolera de 63 millones de dólares y les llevó casi cinco años. *WoW* se lanzó 10 años después del primer juego de la serie Warcraft (Orcs & Humans, 1994) y sigue siendo el **MMO más vendido** (pág. 24).

Expansión de la crítica de *Warcraft*

La lista de los 10 mejores MMORPG de Metacritic incluye cinco paquetes de expansión de *WoW*, lo que significa que más de la mitad de los MMORPG más aclamados de todos los tiempos forman parte del universo de *Warcraft*. Asimismo, incluye tres expansiones de *Final Fantasy XIV —Endwalker* (92); *Shadowbringers* (90) y, en la décima posición conjunta, *Stormblood* (87)—, además de *Guild Wars 2* (90) y *Dark Age of Camelot* (88).

XP

Fecha: 2018
Desarrollador: Rockstar
Distribuidor: Rockstar

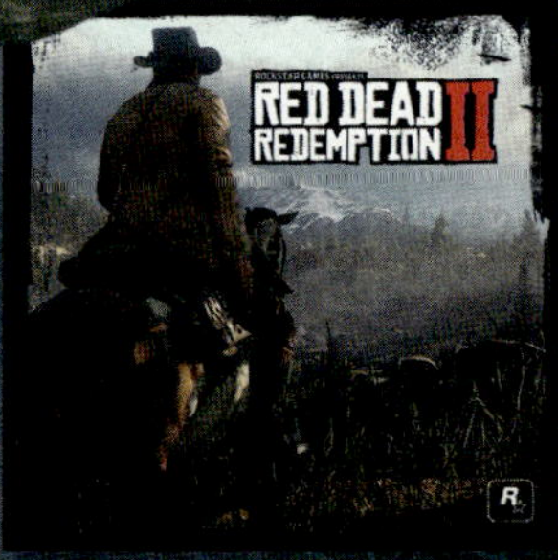

22 Mayor elenco de un videojuego

Red Dead Redemption 2

Un reparto de 1.200 actores participaron en la increíblemente exitosa secuela de 2010 de *Red Dead Redemption*. La secuencia de créditos del juego presenta 880 actores que grabaron diálogos (con o sin captura de movimiento), así como varios cientos más que proporcionaron actuaciones de captura o escaneos para los artistas del juego. Además, las secuencias de acción del salvaje oeste requirieron 50 especialistas. Roger Clark (en la foto) prestó su voz al protagonista del juego, Arthur Morgan, y obtuvo el premio Game Awards a la mejor interpretación, además de una nominación a los BAFTA.

¡Pwn!

No olvides saludar a todo el mundo en *RDR2*, ya que los buenos modales tienen su recompensa. La otra ventaja principal de hablar con desconocidos es que pueden transmitir información muy valiosa. Eso sí, no olvides tener el arma enfundada cuando empieces la charla.

«Antes de Rockstar, trabajaba esporádicamente en el teatro independiente.»

Roger Clark explica cómo *RDR2* cambió su vida para mejor.

Equipo de eSports más adinerado

21

Team Liquid

Las leyendas de detrás del equipo líquido

Victor «Nazgul» Goossens (dcha.) fundó Team Liquid como un clan de *StarCraft: Brood War* en 2000. Cuando salió *StarCraft II: Wings of Liberty* en 2010, Liquid fichó a sus primeros jugadores profesionales. En 2015, se fusionó con Team Curse, con la incorporación de Steve «LiQuiD112» Arhancet (izq.). Ahora, son los directores ejecutivos.

Los colosos de los eSports de origen neerlandés habían recaudado un total de 48.783.762,69 dólares a fecha de 19-04-2024, según esportsearnings.com. Esta magnífica suma los pone más de 10 millones de dólares por delante de OG, que quedó en segundo lugar. Liquid ha hecho caja con su participación en 2.754 torneos, y el juego que les ha reportado más beneficios es *Dota 2*, con 28,6 millones de dólares netos. Por el contrario, ganaron solo 840 dólares con *FIFA*. El miembro que más gana del equipo actual es Samuel «Boxi» Svahn (SWE), quien se ha embolsado 1.228.691 dólares jugando a *Dota 2*.

TEAM LIQUID

XP

Lanzamiento: 2000
Origen: Países Bajos
Patrocinador pral.: Honda

Había 16 elencos en Team Liquid a fecha de marzo de 2024.

Base alenígena en California

La fotografía corresponde a las instalaciones Alienware Training Facility de Team Liquid en Los Ángeles, California; tienen otras en Utrecht, Países Bajos. Alienware, que fabrica ordenadores para juegos, es uno de los patrocinadores principales del equipo. Según Liquid, las instalaciones están diseñadas para «mejorar el rendimiento cognitivo de los jugadores de alto nivel».

20 Juego exclusivo para móvil más descargado

Subway Surfers

En marzo de 2018, este grafitero al margen de la ley que corre sin parar se convirtió en el **primer juego de Android en superar los 1.000 millones de descargas**. En mayo de 2019, siete años después de su lanzamiento, alcanzó los 2.500 millones sin mostrar signos de desaceleración. De hecho, siguió ganando adeptos y, desde entonces, ha alcanzado más de 4.000 millones de descargas. *Subway Surfers* ya era un gran éxito antes de que los vídeos virales de TikTok lo convirtieran en el favorito de los speed-runners en 2020. Ahora es el **juego con más speed-runs** en speedrun.com, con 44.663 partidas a fecha de 18-04-2024.

En la lista del sitio web, se sitúa solo por detrás de *Seterra* (1997), el **cuestionario con más speed-runs** (62.828).

XP

Fecha: 2012
Desarrollador: SYBO
Distribuidor: Kiloo & SYBO

Tráiler de juego más visto en YouTube

Con más de 361,5 millones de visualizaciones en YouTube a fecha de marzo de 2024, el «Official Google Play Trailer» de *Subway Surfers* encabeza la lista de los anuncios de videojuegos más vistos, por delante de los de *Clash of Clans* y *Minecraft*, y a distancia del vídeo promocional de *Grand Theft Auto VI*, que con 187,08 millones de visitas ocupa el segundo puesto (pág. 92).

Surf en dibujos animados

En 2018, SYBO Games lanzó *Subway Surfers: The Animated Series* en YouTube. Para coincidir con el lanzamiento, SYBO organizó una fiesta en plena calle en el Venice Beach Skate Park de California, con pruebas de skate y juegos en directo. El contenido de la serie ha generado más de dos milenios de tiempo de visionado colectivo en YouTube.

Menor tiempo en lograr 10.000 monedas

«LiYueee» (CHN) consiguió 10.000 monedas de *Subway Surfer* en 18 min y 32,33 s el 27 de septiembre de 2023, según speedrun.com. Su tiempo es 27 segundos más rápido que el del segundo clasificado, «L0rdN4tsu_» (BRA). ¿Crees que tienes lo que hay que tener para superar a «LiYueee»? Descubre cómo registrar un intento de récord oficial en las págs. 8-9.

¡QUE LO SEPAS!

Diez años después del original, SYBO lanzó un título exclusivo para Apple Arcade, *Subway Surfers Tag*, un juego de vista cenital que enfrenta a los jugadores contra el antagonista de la serie, el guardia, y sus robots. Ganó el premio al Mejor Juego Arcade de Apple de 2022 en los Pocket Gamer Awards, y, junto con *Marvel Snap* (Second Dinner, 2022), compartió el galardón al Juego del Año 2023 en los Mobile Games Awards.

R N G

20 millones

Número de usuarios activos diarios de *Subway Surfers* a fecha de enero de 2024. El juego tiene una media de 150 millones de usuarios activos mensuales.

19 Mayor feria de juegos

Gamescom 2019

La Gamescom es una feria y convención anual del sector que se celebra en Colonia (Alemania) desde 2009. La edición de 2019 se celebró entre el 20 y el 24 de agosto y acogió a 373.000 visitantes, entre ellos 31.300 profesionales del sector que representaban a 1.153 desarrolladores y distribuidores. La Gamescom empezó siendo un evento comercial solo para la industria, pero ha ido creciendo hasta incorporar más actividades para el público en general. Entre ellas, competiciones de eSports, una zona cosplay y diversas charlas y presentaciones, además de una zona indie donde los jugadores pueden conocer a desarrolladores y probar nuevos títulos.

Unas 320.000 personas asistieron a la Gamescom 2023.

Ofrece un día solo para profesionales y cuatro días de actos públicos, como eSports.

También hay un concurso de cosplay de cuatro categorías: mejor traje, vestido, confeccionado y el favorito de los fans.

R N G

180.000.000

Número de visualizaciones en línea de los contenidos de la Gamescom 2023. Unos 20 millones de personas en todo el mundo vieron el estreno.

XP

Lugar: Colonia
Fecha: agosto, 2019
Participantes: 373.000

Convenciones colosales

Las convenciones dedicadas a los juegos son un gran negocio. No pasa un mes sin que se celebre un gran evento tanto para los profesionales del sector como para el público en general. Como muestra, la tabla de la derecha; se celebran grandes convenciones anuales en todo el mundo. Además de las generales, hay otras más especializadas, como la BlizzCon (derecha) de California, en la que se presentan y celebran los juegos del desarrollador Blizzard, y el EVE Fanfest de *EVE Online* (más a la derecha) en Islandia.

Las 10 mayores convenciones de 2023

Evento	Asistentes
ChinaJoy (Shanghái, China)	338.000
Brasil Game Show (São Paulo, izq.)	328.000
Gamescom (Colonia, Alemania)	320.000
Taipei Game Show (China Taipéi)	320.000
Tokyo Game Show (Japón)	243.000
G-Star (Busan, Corea del Sur)	197.000
SPIEL (Essen, Alemania)	193.000
Paris Games Week (Francia)	180.000
San Diego Comic-Con (Estados Unidos)	150.000
PAX West (Seattle, Estados Unidos)	120.000

Varias fuentes, a fecha de 27-02-2024.

¡QUE LO SEPAS!

La convención anual de *Minecraft*, Minecraft Live, hoy día se celebra totalmente en línea. Pero la primera reunión de fans fue un acto espontáneo que tuvo lugar en Bellevue (Washington), en 2010. Asistieron unas 30 personas, entre ellas el creador del juego, Markus Persson. Un año después, más de 5.000 personas acudieron a la primera convención oficial en Las Vegas.

18 Más visualizaciones simultáneas de un evento deportivo

WORLDS 23

Campeonato Mundial de League of Legends 2023

El 19-11-2023, una audiencia *online* de 6.402.760 personas presenció el esperado enfrentamiento entre los gigantes de los eSports Weibo Gaming (CHN) y T1 (KOR) en la final del Campeonato Mundial de *League of Legends*. Worlds es, desde hace tiempo, uno de los mayores acontecimientos del calendario de los deportes electrónicos, pero este partido, que llegó como culminación de un dramático torneo de 40 días, superó el récord anterior de 5.415.990 espectadores en casi un millón. Al final, en Seúl, el equipo T1 derrotó ampliamente a Weibo por 3-0.

El Gocheok Sky Dome (aforo de 16.744 espectadores) sede de la final del torneo celebrado en 2023.

¡QUE LO SEPAS!

El T1 es el **equipo con más victorias del Campeonato Mundial de *League of Legends***, pero los cambios en las alineaciones de las escuadras hacen que solo «Faker» (pág. siguiente, arriba) haya estado presente en las cuatro victorias. Para el resto del quinteto, Choi Woo-je (alias «Zeus»), Moon Hyeon-joon («Oner»), Lee Min-hyeong («Gumayusi») y Ryu Min-seok («Keria»), fue la primera victoria en su carrera deportiva.

El veterano «Faker» no para de ganar títulos

El surcoreano Lee Sang-hyeok, también conocido como la superestrella de los videojuegos «Faker», es quien **más Campeonatos Mundiales de *LoL*** ha ganado. Ha formado parte del equipo ganador en cuatro ocasiones (2013, 2015, 2016 y 2023), un auténtico récord. En la última final, «Faker» (nacido el 7-05-1996) también se convirtió en el **ganador con más participaciones en el Campeonato Mundial de *LoL***, con 27 años y 196 días, lo que lo convierte en todo un veterano de los videojuegos.

R N G

13,19

El número de parche (actualización) de *League of Legends* que se presentó en el Campeonato Mundial de 2023. Incluía la nueva skin de La Ilusión Nidalee (izquierda).

XP

Evento: 10 oct. –19 nov., 2023
Equipos: 22
Ganador: T1 (KOR)

ACCESIBILIDAD EN LOS VIDEOJUEGOS

Más de 400 millones de jugadores tienen algún tipo de discapacidad que les causa frustración o incluso dolor al interactuar con los juegos. Para muchos de estos problemas existen sencillas soluciones de accesibilidad, por eso en los últimos años una comunidad de jugadores con discapacidad y grupos de presión se ha movilizado para concienciar a la población e impulsar la adopción de estas medidas.

Juegos

UNCHARTED 4

Uncharted 4: El desenlace del ladrón, el superventas de 2016 de Naughty Dog, dejó muy alto el listón de las opciones adaptables. Incluía un menú de accesibilidad con opciones para jugadores con dificultades para manejar mandos con dos palancas de control y machacar botones. En 2021, 9,5 millones de jugadores habían utilizado el menú.

FORZA HORIZON 5

El juego de ingenio de realidad virtual *Moss* (Polyarc, 2018) fue el **primer juego comercial en lenguaje de signos**, una opción que debutó en triple A en *Forza Horizon 5* (2021) y que incluía la traducción inglesa en lengua de signos de las cinemáticas y la voz en *off*.

Hardware

MANDO DE NINTENDO

Este mando manos libres para la NES salió en 1985. Pesaba 1,1 kg y se ponía alrededor del cuello. Al soplar/sorber dentro de un tubo se accionaban los botones A/B. Solo se podía conseguir a través del teléfono de atención al cliente de Nintendo.

MANDO ADAPTABLE DE XBOX

Los grandes botones programables llamaron la atención en 2018, sin embargo, para muchos la principal ventaja eran los 21 puertos del mando, la mayoría personalizables. Microsoft se dejó asesorar por AbleGamers (derecha) durante el desarrollo.

MANDO ACCESIBLE DE SONY

Con botones remapeables y sensibilidad para una palanca que además cuenta con un brazo articulado, este mando de 2023 para la PS5 solventaba las dificultades de los jugadores con control motor limitado, como sostener el mando mucho tiempo.

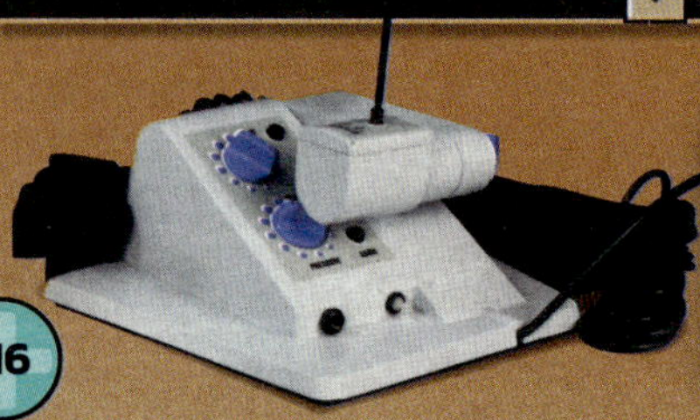

PARA GHOST

PARA.GHOST

Los cinco miembros de este equipo sueco de Counter-Strike padecen distrofia muscular de Duchenne. Martin Stengård fundó el grupo en 2021 para paliar el aislamiento social de su hijo Sigge (segundo por la izquierda). En la pág. 28 encontrarás otro equipo de eSports para personas con discapacidad, Permastunned Gaming.

MOBILE LEGENDS BANG BANG

Primera aparición en un evento de eSports

En junio de 2023, el popular MOBA *Mobile Legends: Bang Bang* formó parte de una demostración en los ASEAN Para Games, junto con deportes paralímpicos como el baloncesto en silla de ruedas y el *goalball*. El equipo de Filipinas se llevó el oro.

the ablegamers charity

ABLEGAMERS

Mark Barlet fundó su asociación benéfica en 2004 para apoyar a un amigo con esclerosis múltiple. Ahora, AbleGamers ha formado a más de 600 desarrolladores, incluidos los de muchos estudios de renombre, para crear juegos accesibles y divertidos a la vez. El segundo por la izquierda, que pulsa los botones del mando con la lengua, es el campeón de *Street Fighter* y socio de AbleGamers Michael Begum, alias «BrolyLegs», que, desgraciadamente, falleció en marzo de 2024.

17 Serie de shooters en 1.ª pers. más vendida

Call of Duty

En primera línea de los juegos de disparos en primera persona, se ha librado una guerra durante las dos últimas décadas. Al final, el nombre que emerge como indiscutible ganador es *Call of Duty*. A fecha de junio de 2022, las ventas de la franquicia habían superado los 425 millones. Incluido el debut de la serie en octubre de 2003, hay más de 20 juegos de *CoD* de la serie principal (págs. 120-121). Para muchos jugadores, sin embargo, las campañas para un solo jugador quedan en un distante segundo plano, por detrás del popularísimo multijugador en línea de la serie.

RNG

3

Número de franquicias de juegos que han vendido más copias que *CoD* (425 millones): *Pokémon* (481 millones), *Super Mario* (494 millones) y *Tetris* (520 millones).

XP

Lanzamiento: 2003
Desarrollador: Infinity Ward
Distribuidor: Activision

Speed-run de *Call of Duty* más popular

El modo «Zombis» de *Call of Duty*, que empezó siendo un proyecto extraoficial durante el desarrollo de *World at War*, enfrenta a los veteranos de la serie a interminables oleadas de muertos vivientes. El favorito de los fans es la modalidad más popular de *CoD* entre los speed-runners. El modo «Zombis» de *Black Ops III*, de 2015, tenía un récord de 5.161 partidas en speedrun.com a fecha de 18-04-2024.

Ateret «Doc» Dahan, uno de los operadores del modo multijugador de *Modern Warfare III*.

Equilibrio en el mundo del juego

Una encuesta realizada en 2013 por la Entertainment Software Association reveló que el 45 % de los jugadores eran mujeres. El **primer juego de *Call of Duty* protagonizado por mujeres soldado** llegó ese mismo año. *Ghosts* ofrecía la opción de tropas femeninas, añadida al modo multijugador del juego.

Los juegos de *Call of Duty* más aclamados por la crítica

Videojuego	Puntuación
Call of Duty: Modern Warfare 2 (2009)	94 (100 reseñas)
Call of Duty 4: Modern Warfare (2007)	94 (70 reseñas)
Call of Duty (2003)	91
Call of Duty 2 (2005)	89
Call of Duty: Modern Warfare 3 (2011)	88

Metacritic, a fecha de 18-04-2024.

Mayor rapidez en completar *Modern Warfare III* en any%

La entrada de Sledgehammer Games en 2023 en la serie ofrece dos modos para completar el juego en any%. En el nivel de **«Recluta»**, «Mourie» (AUT) terminó su misión en 1 h, 3 min y 40,41 s el 10-03-2024, reduciendo en 5 s el récord anterior. En el de **«Veterano»**, el jugador de PC «Russian_Zone» (USA) completó el recorrido el 10-11-2023 en un tiempo récord de 1 h, 29 min y 9,95 s.

Call of Duty a través del tiempo

Los juegos de *CoD* cubren un período de tiempo considerable, desde la Segunda Guerra Mundial hasta un futuro desolador en el que se han agotado los recursos de la Tierra, pasando por la Guerra de Vietnam. Aquí presentamos el orden cronológico de la serie a lo largo de los siglos XX y XXI.

- **1940-1945** *WWII*
- **1941-1945** *Call of Duty 2*
- **1942-1945** *Call of Duty World at War*
- **1944** *Call of Duty 3*
- **1945** *Vanguard*
- **1961-1968** *Black Ops*
- **1975-1979** *Black Ops: Declassified*
- **1981** *Black Ops Cold War*
- **1986-1989** *Black Ops II* (misiones de Alex Mason)
- **2011** *Modern Warfare*
- **2019** *Modern Warfare*

Cronología de *CoD* por año de lanzamiento

Call of Duty (2003)
Call of Duty 2 (2005)
Call of Duty 3 (2006)
Call of Duty 4: Modern Warfare (2007)
World at War (2008)
Modern Warfare 2 (2009)
Black Ops (2010)
Modern Warfare 3 (2011)
Black Ops: Declassified (2012)
Black Ops II (2012)
Ghosts (2013)
Advanced Warfare (2014)
Black Ops III (2015)
Infinite Warfare (2016)
WWII (2017)
Black Ops 4 (2018)
Modern Warfare (2019)
Black Ops Cold War (2020)
Vanguard (2021)
Modern Warfare II (2022)
Modern Warfare III (2023)

Jugador de *CoD* mejor pagado

A fecha de 18-04-2024, Tyler «aBeZy» Pharris (USA) era el jugador profesional de *Call of Duty* más brillante, con un total de 1.646.905,68 dólares de ingresos profesionales según esportsEarnings.com. Actualmente, Tyler juega en el equipo de eSports Atlanta FaZe y ha sido campeón del mundo y MVP (jugador más valioso) en 2019 y 2021.

Modern Warfare 2 — **2016**

Modern Warfare 3 — **2016-2017**

2022 — **Modern Warfare II**

Modern Warfare III — **2023**

2025 — **Black Ops II (misiones de David Mason)**

Ghosts — **2027**

2043 — **Black Ops 4**

2054-2061 — **Advanced Warfare**

Black Ops III — **2065-2070**

Infinite Warfare — **No se sabe (¿2187?)**

Mayor premio acumulado de *CoD*

El campeonato de la *Call of Duty* League de 2020 tuvo un bote récord de 4,6 millones de dólares. El ganador absoluto fue el equipo Dallas Empire (izquierda), que se llevó 1,5 millones de dólares. En noviembre de 2021, se fusionó con sus rivales OpTic Chicago para formar un nuevo equipo llamado OpTic Texas.

16 Maratón más larga de un juego

Carrie Swidecki

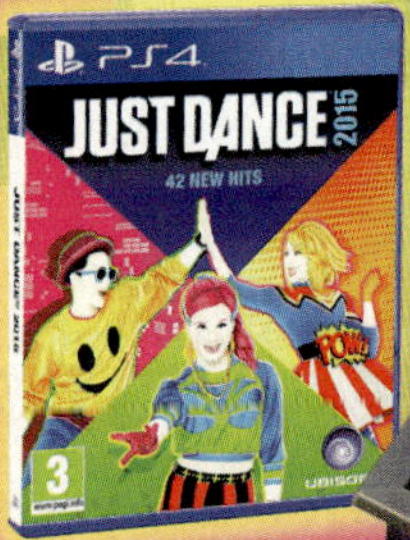

Carrie Swidecki (USA) es la reina de la pistas de baile virtuales. La profesora californiana jugó a *Just Dance 2015* de Ubisoft del 11 al 17 de julio de 2015 durante 138 h y 34 s. Se trata del mayor tiempo continuado jugando a *cualquier* juego (otros récords de maratones en las págs. 124-125). La brillante sesión de baile de Carrie también le ha valido los récords de la **maratón más larga de un juego de baile** y **de un juego de ritmo**. Además, obtuvo la **máxima puntuación en una serie de juegos de baile durante 24 horas**, cuando obtuvo la calificación máxima de cinco estrellas por 276 canciones diferentes en 11 títulos de *Just Dance*. Carrie promueve el uso de los videojuegos para ayudar a los niños a estar en forma y combatir la obesidad, y ha recaudado 100.000 dólares para fines benéficos con sus distintos intentos de récord.

XP

Titular: Carrie Swidecki
Tiempo: 138 h y 34 s
Lugar: Bakersfield, California (USA)

Carrie perdió 34 kg de peso gracias a los juegos de baile.

Una Katy Perry de récord

Con 15 canciones en la franquicia, Katy Perry (USA, derecha) ostenta el récord de la **artista con más apariciones en *Just Dance***. En la serie salen seis éxitos de su álbum *Teenage Dream: The Complete Confection* (2012): el **mayor número de canciones de un mismo álbum en *Just Dance***.

A Simone y Aly les encanta bailar

Meses después de ganar cuatro medallas de oro en los JJ. OO. de Río de Janeiro de 2016, la legendaria gimnasta y titular de un récord de GWR Simone Biles (USA, izquierda) participó en el lanzamiento de *Just Dance 2017*. Biles y su compañera Aly Raisman (derecha), también medallista de oro, sacaron a bailar a los miembros del Kips Bay Boys & Girls Club de Nueva York al ritmo de *Single Ladies (Put a Ring On It)* de Beyoncé y *Cheap Thrills* de Sia, entre otros.

nickelodeon KIDS' CHOICE AWARDS 2019

El rey de los Kids' Choice Awards

Just Dance 2019 ganó el premio al videojuego favorito en la 32.ª edición de los Nickelodeon Kids' Choice Awards, imponiéndose a grandes contrincantes como *Super Mario Party* (NDcube) y *Super Smash Bros. Ultimate* (Bandai Namco/Sora). Fue la octava victoria en esta categoría para un título de *Just Dance* tras los premios obtenidos cada año desde 2011.

¡QUE LO SEPAS!

¡Que no pare la fiesta! En 2023, 14 años después del título de debut, Ubisoft lanzó *Just Dance 2024 Edition*, el decimoquinto juego de la serie. Billie Eilish, BTS y Olivia Rodrigo son algunos de los artistas cuyas canciones aparecen en el juego. El servicio de suscripción Just Dance+, lanzado en 2022, sigue ofreciendo acceso a 300 canciones y eventos del juego.

MARATONES MÁS LARGAS DE UN VIDEOJUEGO

A partir del ganador absoluto, hemos dividido estas hazañas de resistencia increíbles en géneros muy variados. Independientemente del reto, todos estos romperrécords tienen dos cosas en común: pericia y determinación.

Ken, *Super Smash Bros. Ultimate*

JUEGO DE CARRERAS

Gran Turismo 7

A lo largo de su viaje épico (del 29 de junio al 3 de julio de 2023), Csépe Szabolcs (HUN), alias «GrassHopper», se planteó el reto de conducir los más de 474 coches del juego. Al final, recorrió más de 9.100 km.

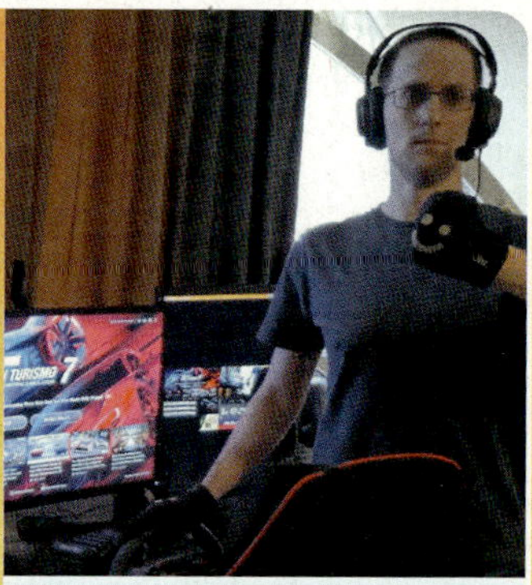

90 h

JUEGO DE LUCHA

Super Smash Bros. Ultimate

«TCNick3» (CHL) se propuso batir el récord, convencido de que, si ponía empeño en hacerlo, lo conseguiría. Así lo hizo en Nueva Jersey (USA) del 23 al 26 de junio de 2022.

69 h, 4 min y 20 s

MMORPG

World of Warcraft

El chef Barnabás Vujity-Zsolnay (HUN) organizó una maratón de *WoW* del 26 al 28 de septiembre de 2022. Batió el récord anterior con casi 14 horas de diferencia. Los ingresos de la retransmisión en directo se destinaron a fines benéficos.

59 h, 20 min y 12 s

JUEGO DE ROL

Assassin's Creed Valhalla

Entre el viernes por la mañana y el domingo por la tarde, Wout Lenaerts, alias «CasualGorilla» (BEL), registró este récord el 16-10-2022.

54 h, 32 min y 10 s

JUEGO DE ESTRATEGIA

StarCraft

Francisco Javier Muros Ponce (izq.) y Carlos García Muñiz (ambos de ESP) batieron el récord anterior con seis horas de diferencia en diciembre de 2020. Según Francisco, «para lograr objetivos en la vida hay que darlo todo hasta quedar exhausto».

50 h, 21 min y 5 s

JUEGO DE DEPORTES

Football Manager

Kevin Chapman (RU) no solo batió un récord en septiembre de 2023, sino que también participó en una prueba para comprobar la eficacia de un desodorante durante el intento de récord de una maratón.

50 h, 8 min y 13 s

JUEGO DE REALIDAD VIRTUAL

Minecraft VR Mode

La intención de Robin Schmidt y Based AF (ambos de NLD) era jugar a varios juegos del 18 al 20 de octubre de 2023. Como de costumbre, quedaron absortos con *Minecraft VR* y no les dio tiempo a jugar a los demás.

50 h

JUEGO DE FÚTBOL

FIFA 22

David Whitefoot (RU) ostentó brevemente el récord global de **juegos de deporte** (arriba) por jugar a *FIFA 22* nada menos que 50 horas del 4 al 6 de marzo de 2022. Aunque lo derrotó Kevin Chapman, sigue ostentando el récord de *FIFA*.

50 h

Minecraft

FIFA 22

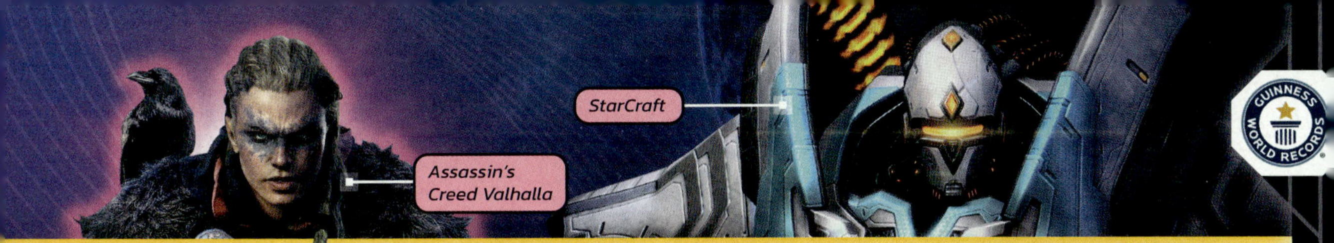

JUEGO DE TERROR Y SUPERVIVENCIA
State of Decay 2

En un contexto posapocalíptico, Samuel Steele (RU) ahuyentó una horda interminable de abominaciones zombificadas durante el equivalente a dos días del 2 al 4 de agosto de 2019.

48 h

JUEGO BATTLE ROYALE
Call of Duty: Warzone

Grant Taylor (RU) iba a declarar un alto el fuego 36 horas después de comenzar su hazaña del 19 al 20 de septiembre de 2020. Sin embargo, un subidón de energía le permitió alargar la pelea dos horas más.

38 h y 17 min

MINECRAFT

Los jugadores de Minecraft aumentaron un 25 % al comienzo de la pandemia. Del 5 al 7 de junio de 2021, en pleno toque de queda por la COVID-19, Alexandre Jouniaux (FRA) se tomó este récord maratoniano (sin RV) como un reto personal.

38 h y 1 s

JUEGO DE POKÉMON
Pokémon Escudo

Cody Harbidge (CAN) eligió su cumpleaños, el 17-06-2021, para llevar a cabo su hazaña. Sus intentos por batir el récord recaudaron 1.640 dólares para la Fundación del Hospital Infantil de Alberta.

36 h y 12 s

JUEGO DE INGENIO
Tetris Effect

El versátil batidor de récords Csépe Szabolcs (recuadro de *Gran Turismo 7*, en la pág. anterior) venció la somnolencia durante su tentativa de diciembre de 2021 seleccionando la dificultad máxima en *Tetris Effect* para ir a toda velocidad.

32 h, 32 min y 32 s

JUEGO DE NARUTO
Narutimetto Akuseru 2

En marzo de 2021, Csépe Szabolcs volvió a hacer gala de su habilidad como jugador polifacético. Esta vez fue con la última entrega de la serie *Ultimate Ninja*. «Tengo toda la paciencia del mundo», dijo después.

28 h, 11 min y 32 s

TOCANDO EN *ROCK BAND*
Rock Band 4

Douglas Spears (USA) entrenó más de un año para llevar a cabo este intento de récord del 16 al 17 de febrero de 2020. Además de fortalecer los antebrazos, recaudó fondos con fines benéficos.

27 h, 45 min y 20 s

LEAGUE OF LEGENDS

Jorell Rolle (USA) hizo su primera incursión en el campo de batalla de Riot Games a finales de 2014, pero esperó hasta diciembre de 2021 para retransmitir su intento de récord en twitch.tv/jrealli. «Quería que mis espectadores se divirtieran», dijo a GWR.

24 h, 27 min y 49 s

15 Serie de fútbol más longeva

FIFA/EA Sports FC

Kylian Mbappé, estrella de la carátula de *FIFA 2023*, probablemente la última de la franquicia.

XP

Debut: 1993
Desarrollador: EA Vancouver
Distribuidor: EA Sports

Una era que arrancó el día 15-12-1993 con *FIFA International Soccer* parece que llegó a su fin con el lanzamiento de *FIFA 2023* el 30-09-2022, es decir, tras 28 años y 289 días. Durante ese tiempo, se ha lanzado al menos un juego de *FIFA* cada año, a veces varios, con lo que el número total de títulos de la serie asciende a 41. A menudo, se hace referencia al fútbol como el «juego global», y el éxito de la franquicia así lo refleja, con ediciones de *FIFA* lanzadas en más de 50 países. También es la **franquicia deportiva más vendida**, con más de 325 millones de ventas. Pero el pitido final ha sonado; EA y FIFA han disuelto su asociación, y la franquicia ha renacido como *EA Sports FC*, desarrollada por el mismo equipo, pero sin el respaldo de la FIFA.

Juego de *FIFA* más aclamado por la crítica

El ganador de la liga Metacritic para los juegos de *FIFA* fue un premio compartido entre FIFA *10*, *12* y *13* (derecha), todos con una puntuación de 90. El **juego de fútbol más aclamado por la crítica** es el *World Soccer Winning Eleven 7 International* (KCET/Konami, 2003), con una puntuación en Metacritic de 93. Se llamó *Pro Evolution Soccer 3* en la mayoría de los países que no pertenecían a EE. UU.

Alta habilidad

FIFA 18 fue el primer juego de la franquicia en grabar actuaciones de captura de movimiento con estrellas como Cristiano Ronaldo. En el campo de entreno, el entonces ídolo del Real Madrid vestía un traje que permitía reproducir con mayor exactitud sus movimientos, desde electrizantes sprints hasta trucos para burlar a los defensas.

R N G

26.400.000

Ventas de *FIFA 18*, según informó EA a principios de febrero de 2019. Con ello, es el **juego de fútbol más vendido** y el **juego de FIFA más vendido**.

Primera mujer en una carátula de *FIFA*

Para *FIFA 16*, Alex Morgan (USA), Steph Catley (AUS, derecha) y Christine Sinclair (CAN) encabezaron las votaciones para elegir a las primeras jugadoras que aparecerían en la carátula de un juego de *FIFA*. Cada una de ellas apareció junto a Lionel Messi en las carátulas de sus respectivos países. También es el **primer juego de FIFA en el que se puede jugar con equipos de fútbol femenino**.

Maratón más larga jugando a *FIFA*

David Whitefoot (UK, abajo) jugó a *FIFA 22* durante 50 h del 4 al 6 de marzo de 2022. En un principio, su objetivo era jugar 48 h para recaudar fondos para un hospital, pero luego lo modificó para batir el récord de 48 h y 49 min. Su hazaña fue elogiada por la RAF Video Gaming & Esports Association. Otras maratones de récord en las páginas 122–125.

De la realidad a la ficción

Además de incluir a iconos del juego en *FIFA 23*, también hay quienes han obtenido logros más modestos. Ted Lasso, interpretado por Jason Sudeikis, es el protagonista de la comedia dramática que lleva su mismo nombre emitida por Apple TV+, y ahora forma parte de la familia *FIFA*. Lo acompaña su equipo, el AFC Richmond. ¿Elegirías al exentrenador de fútbol americano para que entrenase a tu equipo?

HISTORIA DE ESTE GÉNERO

Dada la enorme popularidad del fútbol en todo el mundo, no es de extrañar que este deporte sea un clásico de los videojuegos desde hace más de 40 años. Aquí puedes ver la evolución de este increíble [video]juego.

1980
NASL SOCCER

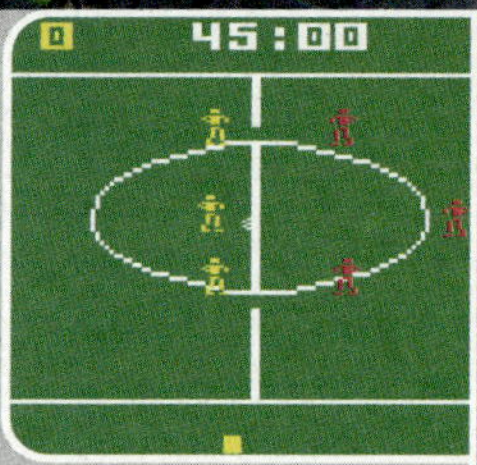

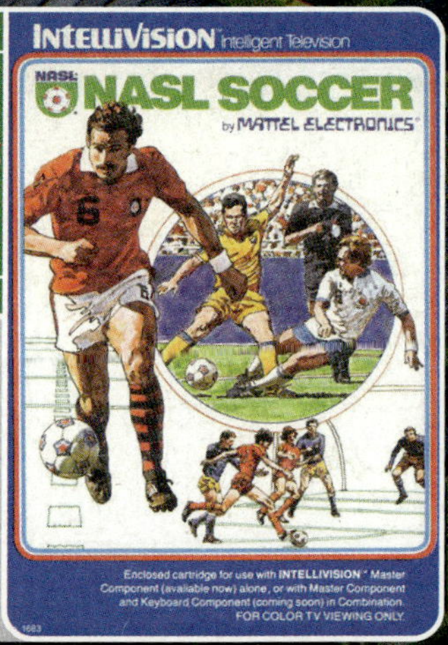

Ya en 1973 se comercializaron varios juegos de palas parecidos al *Pong* como títulos de «fútbol», pero podría decirse que el **primer videojuego de fútbol** fue lanzado en 1980 por Mattel para su consola Intellivision. Este título, que cambió la concepción del juego, permitía controlar al equipo desde una perspectiva lateral (también conocida como «cámara de estadio»), que más tarde se convertiría en la más habitual en casi todos los juegos de fútbol. La NASL fue la liga de fútbol profesional de Estados Unidos y Canadá desde 1968 hasta 1984.

1994
VIRTUA STRIKER

A mediados de la década de 1990, el género futbolístico estaba en auge. *Virtua Striker*, de Sega, fue el **primer juego de fútbol que utilizó gráficos en 3D**. Dio lugar a una década de nuevos títulos —la serie llegó hasta *Virtua Striker 4* en 2004— y más tarde se realizaron adaptaciones para Xbox 360 y PS3.

1993
FIFA INTERNATIONAL SOCCER

El organismo rector del deporte mundial se sumó a la iniciativa en 1993. El primer título de *FIFA* de EA Sports optó por un punto de vista isométrico, en el que el juego se ve desde un ángulo. Había 48 equipos nacionales, todos ellos formados por jugadores ficticios. El juego tuvo un gran éxito.

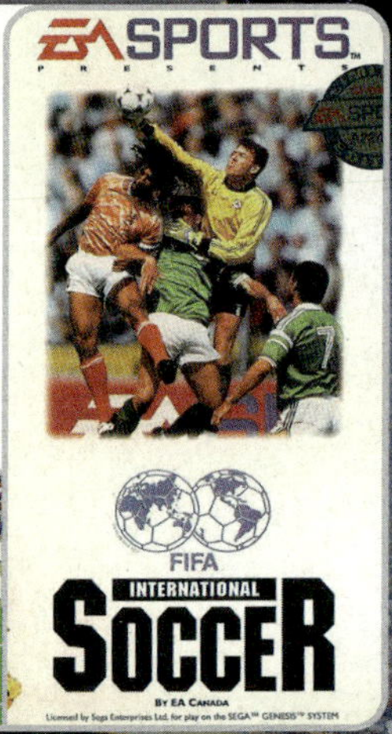

1995
ACTUA SOCCER

Los desarrolladores, Gremlin, tenían su sede en Sheffield (UK) y utilizaron jugadores del Sheffield Wednesday FC para la captura de movimientos. *Actua* fue el **primer juego de fútbol con un motor gráfico en 3D**. Se promocionó con una alusión a su rival: «*Actua* no tiene nada de virtual».

2001
PRO EVOLUTION SOCCER

La serie *Pro Evo* de Konami (o *PES*) —una evolución del título de 1995 de la misma franquicia, *International Superstar Soccer* (también conocido como *Winning Eleven*)— estableció una rivalidad legendaria con *FIFA*. El primer juego de *PES* se lanzó en 2001, mientras que el más reciente, *eFootball 2024*, salió a la venta en septiembre de 2023. En 2003, Pierluigi Collina (ITA) se convirtió en el **primer árbitro que apareció en la carátula de un videojuego**.

1981

PELÉ'S SOCCER

La mayor estrella de la NASL era la leyenda brasileña Pelé, y era cuestión de tiempo que tuviera su propio juego, aunque Atari optó por un nombre muy poco original: *Pelé's Soccer*. El delantero que ganó **más Mundiales de la FIFA** (3) fue también el **primer futbolista en dar su nombre a un videojuego**.

1985

TEHKAN WORLD CUP

Este éxito para máquinas recreativas de vista cenital, conocido como *World Cup* en Japón, usaba un mando con trackball y presentaba el terreno de juego a vista de pájaro. El juego se lanzó en vísperas del Mundial de México de 1986. A mediados de la década de 1990, salió a la venta para la PS2 y la Xbox.

1992

SENSIBLE SOCCER

Con un título llamativo (a menudo abreviado como *Sensi*) y la leyenda holandesa Ruud Gullit en la carátula, fue un éxito rotundo. El desarrollador, Sensible Software, lo llenó de equipos nacionales, de clubes y personalizados, y le siguieron varias secuelas, como *Sensible World of Soccer* (la versión de 2007 para la Xbox, abajo a la derecha).

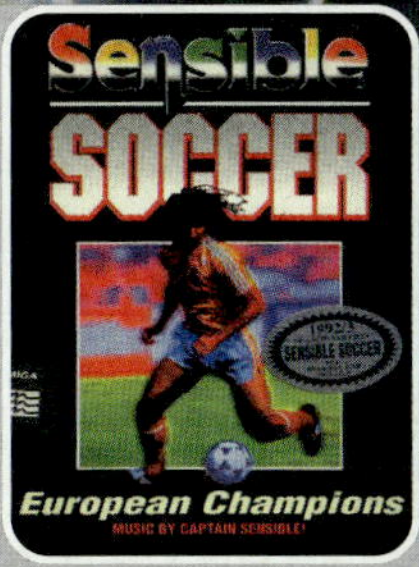

1989

KICK OFF

El desarrollador italobritánico Dino Dini lanzó este juego clásico de perspectiva cenital en 1989, y, gracias al éxito obtenido, a continuación desarrolló nueve juegos de fútbol más. En la foto de abajo a la izquierda puedes ver el original; a la derecha, el título para Windows *Kick Off 98*.

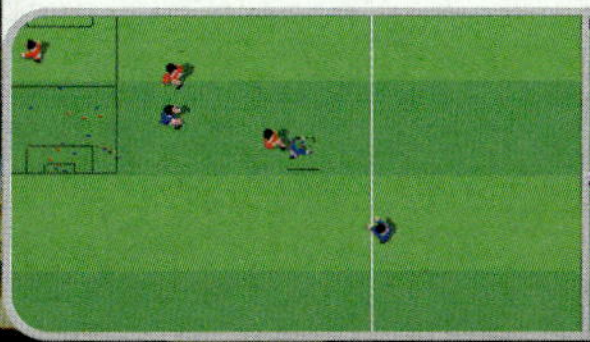

2023

EA SPORTS FC 24

El primer título de fútbol de EA Sports, tras el fin de su larga colaboración con FIFA, era muy esperado. Según EA, 11,3 millones de jugadores jugaron a *EA Sports FC 24* la primera semana después de su lanzamiento. Aunque el noruego Erling Haaland es la estrella de la carátula de la edición estándar, la portada de la Ultimate Edition (dcha.) presenta una mezcla de futbolistas actuales y retirados.

La estrella estadounidense Trinity Rodman.

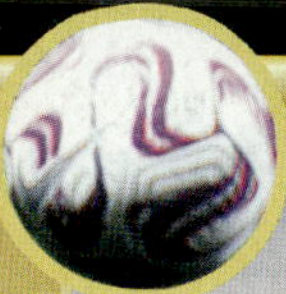

¿A cuántos jugadores conoces?

Respuestas en la pág. 191

14 Serie de lucha más larga

XP

Debut: 1987
Desarrollador: Capcom
Distribuidor: Capcom

Street Fighter

En 1987, cuando el primer *Street Fighter* llegó a las máquinas recreativas, pocos podían prever que se convertiría en todo un fenómeno. El diseñador y director Takashi Nishiyama es el cerebro que se esconde detrás del juego de lucha. Según él, la idea se le ocurrió durante una aburrida reunión con el personal de ventas de Capcom. Puede que no fuera el primer juego de lucha cuerpo a cuerpo —ese honor está reservado a *Heavyweight Champ* de Sega (1976)—, pero la serie de *SF* y, en concreto, *SFII* (derecha), definió las reglas del género. Casi 40 años después, se han lanzado seis títulos principales y docenas de derivados, híbridos, adaptaciones y recopilaciones. El juego más reciente de la serie es *Street Fighter 6*, de 2023, que incluye un crossover con *Teenage Mutant Ninja Turtles* (derecha).

Mayor premio de *Street Fighter*

La Copa Capcom 2024 hizo millonario al jugador taiwanés «UMA», alias de Wang Yuan-hao. El acontecimiento (el primer campeonato de *Street Fighter 6*, de Capcom) vivió una gran final de infarto el 25-02-2024 con la victoria del Juri de «UMA» frente al Luke de «Chris Wong» por 3 a 0. Wong tuvo que conformarse con el segundo premio de 300.000 dólares.

¡QUE LO SEPAS!

Desde 2015, en el Red Bull Kumite se dan cita los mejores jugadores de lucha del mundo. En la novena edición del Main Event, celebrada en Brooklyn, Nueva York, el 17-03-2024, 16 jugadores se liaron a puñetazos en una eliminatoria del «mejor de nueve combates» de *Street Fighter 6*. El campeón fue «MenaRD» (USA), cuyo Blanka derrotó al Guile de «NuckleDu» en la lucha final.

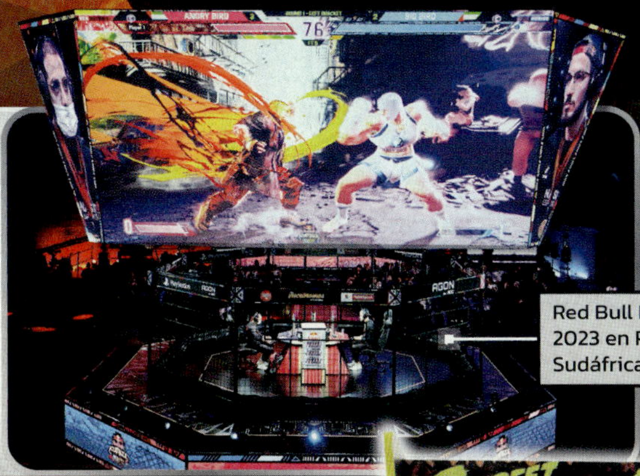

Red Bull Kumite 2023 en Pretoria, Sudáfrica.

Cambio de reglas

Tal vez el *Street Fighter* original abriera el camino, pero la secuela cambió para siempre el género de los videojuegos de lucha. *Street Fighter II*, que se estrenó en las máquinas recreativas en 1991, introdujo una lista de ocho personajes jugables, cada uno con sus propios movimientos y habilidades especiales. En 2017, había obtenido unos ingresos totales ajustados a la inflación de 10.610 millones de dólares.

Juegos de *Street Fighter* más vendidos

Título	Uds. vendidas
Street Fighter V (2016)	7,4 millones
Street Fighter II (1991)	6,3 millones
Street Fighter II Turbo (1994)	4,1 millones
Street Fighter IV (2008)	3,5 millones
Street Fighter 30th Anniversary Collection (2018)	3,0 millones
Street Fighter 6 (2023)	2,9 millones
Ultra Street Fighter IV (2014)	2,0 millones
Super Street Fighter II: The New Challengers (1993)	2,0 millones

Capcom, a fecha de 01-01-2024.

Chun-Li, *SF II Turbo*

Decapre, *USF IV*

Sagat, *SF V*

Game the Record

Para batir récords mundiales no importa la edad: basta con echar un vistazo a los jugadores de la pág. 94. Si eres menor de 16 años, hemos preparado seis récords especiales para ti. Escanea el código QR de nuestros episodios de *Game the Record* llenos de acción y recomendaciones, sigue los consejos de abajo y tal vez consigas batir un récord.

Máxima puntuación en la modalidad «Bob-ombardeo» de *Mario Kart 8 Deluxe* en un minuto.

En este modo de batalla, las partidas pueden volverse explosivas en un pispás. Para armarte, atraviesa las cajas de objetos. Si bombardeas las cajas, también puedes atrapar a un rival rearmado. ¿Prefieres tirar las bombas o dejarlas caer a tu paso? Sea como sea, ve a por todas. ¡Merece la pena!

Más girasoles recolectados en un minuto en el «Sunflower Field» de *Minecraft* con un mando.

¿Quién hubiera dicho que recolectar girasoles podía ser tan estresante? Para empezar, salta de un árbol y, con rapidez y precisión, recolecta todas las flores altas que puedas. Cuidado con la vacas y las enredaderas que se interpongan en tu camino, te harán perder tiempo. Haz caso a Steve y piensa que solo tienes 60 segundos. ¡A por ellos!

Más rapidez en completar los primeros 10 niveles del mapa «Find de button« de *Fortnite*.

No creas que esto es para darte un descanso del modo «BR». ¡Corretear por un mapa especial para encontrar botones ocultos presenta sus propios desafíos! Las suposiciones fundamentadas y los momentos de inspiración son tan importantes como la velocidad a medida que los niveles se complican. Puede suceder algo inesperado...

Más rapidez en ganar una partida 1 contra 3 en *Nickelodeon All-Star Brawl*.

No te fíes de las apariencias cuando elijas a tu personaje en el juego híbrido de lucha. Incluso Patricio, el perezoso amigo de Bob Esponja, tiene las habilidades y los poderes para acabar con un trío de tortugas ninja o una triple amenaza de Reptars. Gánate el derecho a permanecer en la plataforma porque, si te caes, ¡se acabó el juego!

Más rapidez en completar el circuito «GWR Speed Track» de *Hot Wheels Unleashed*.

Nuestra pista está esperando a que los reyes de la velocidad en ciernes demuestren de lo que son capaces. Puedes elegir el coche que quieras, incluso modelos actualizados. ¿Te apetece correr con el Batmóvil? Cuidado con los acelerones, sobre todo en las curvas cerradas. ¡Los trompos te harán perder tiempo!

Triplete más rápido con el portero en *EA Sports FC 24*.

En el fondo, muchos porteros probablemente sueñan con ser delanteros. Haz realidad este sueño marcando tres goles como portero de tu equipo. Tienes que ir de un extremo del campo al otro esquivando a los rivales, así que ahorra energía para chutar. Después, deberás marcar otros dos goles. ¡Solo procura no perder el balón!

¿Te apuntas? Escanea el código.

DESARROLLADORA MÁS JOVEN

En 2023, Simar Khurana (CAN, 17-05-2016) empezó a recibir clases de programación. Tras un momento de revelación («solía comer un montón de comida basura»), usó su dominio de la programación para crear el juego *Healthy Food Challenge*. Un día antes de cumplir siete años, se verificó su proeza.

13 Juego de PC con más reservas

Cyberpunk 2077

Este juego de rol y acción distópico protagonizado por Keanu Reeves se lanzó el 10-12-2020, tras ocho años de creación. Según su desarrollador, CD Projekt Red, tuvo más de 8 millones de ventas anticipadas, el 59 % de ellas para PC (es decir, 4,72 millones de copias). Por desgracia, el lanzamiento del juego para consolas, la PS4 y la Xbox One, estuvo plagado de problemas. Los fallos, errores y bloqueos que se produjeron el día de su lanzamiento llevaron a Sony a retirar brevemente el juego de la venta digital, y tanto ellos como Microsoft ofrecieron reembolsos a los clientes. Pero CD Projekt Red actuó rápidamente, pidió disculpas y distribuyó parches para solucionar los problemas. Hoy, el juego goza de éxito, con unas ventas totales de más de 25 millones a finales de 2023.

El mercenario conocido como «V» es el personaje que controla el jugador.

La compañía Razer sacó a la venta un ratón Viper Ultimate Cyberpunk 2077 Edition.

XP

Fecha: 2020
Desarrollador: CD Projekt Red
Distribuidor: CD Projekt

Del tipo que sale en *Fortnite* a engrama de *Cyberpunk*

El actor Keanu Reeves pone su voz e imagen al terrorista y estrella del rock Johnny Silverhand, quien, en el año 2077, solo existe como una conciencia digitalizada conocida como «engrama». Sin ser aficionado a los videojuegos, Reeves no es ajeno a ellos, pues apareció por primera vez en forma pixelada en la adaptación para NES de la exitosa película *Las alucinantes aventuras de Bill y Ted* (USA, 1989). Para algunos, sin embargo, es más conocido por ser «ese tipo que sale en *Fortnite*», debido al parecido que guarda una popular skin llamada «The Reaper» con John Wick, su personaje cinematográfico. Al entender por qué la gente lo llamaba «chico Fornite», Reeves se puso en contacto con Epic Games, que desde entonces incluye una skin oficial de John Wick en *Fortnite* (derecha).

Un juego de mesa de los años ochenta

Cyberpunk 2077 se inspira en el exitoso juego de rol de mesa *Cyberpunk*, creado en 1988 por el diseñador de este tipo de artículos estadounidense Mike Pondsmith (arriba). En 2012, CD Projekt Red y Pondsmith llegaron a un acuerdo sobre los derechos para una adaptación a videojuego, y el creador del juego original se incorporó como asesor. Asimismo, hizo un cameo dando voz a Maximum Mike, el DJ de Morro Rock Radio.

¡Pwn!

Cuidado con iniciar sin querer una pelea o, peor aún, un tiroteo. Mantén tu arma enfundada de forma segura a menos que estés participando activamente en un tiroteo, ya que el simple hecho de sacar el arma se considera un acto de agresión. Atraerá la atención de quien no debe.

Más rapidez en completar *Phantom Liberty*

La expansión *Phantom Liberty* (2023) de Cyberpunk envuelve al protagonista, «V» (alias de Valerie/Vincent), en una complicada red de espías, señores de la guerra e intrigas políticas. Se recomienda a los jugadores que sean cautos y esperen a que llegue el momento perfecto... O, si lo desean, pueden hacer lo mismo que el speed-runner «Vibehunt3r» (FIN, derecha) y ¡recorrer la historia a toda velocidad sin dejar de disparar! El 14-10-2023, atravesó Dogtown en solo 2 h y 8 min.

12 Mayor concentración de gente disfrazada de personajes

Polaris Convention 2023

Una convención celebrada en Alemania el 15-10-2023 acogió a un tropel de 492 personajes de videojuegos, desde Mario y la Junker Queen hasta Aloy y Geralt de Rivia. El variopinto grupo de gente disfrazada se reunió al final de la Polaris Convention, un evento anual que tiene lugar en Hamburgo, donde un representante de los GWR acudió a hacer el recuento oficial. Fue una suerte que nadie se echara atrás, porque el récord anterior, que se registró en Finlandia en el 2013, contaba con 491 personas, por lo que el intento de la Polaris batió el récord ¡por una persona! ¿Cuántos héroes y villanos de videojuegos identificas en la fotografía inferior?

Şeyda Subaşı–Gemici, adjudicadora de GWR, entrega el certificado oficial.

XP

Lugar: Hamburgo
Fecha: 15-10-2023
Participantes: 492

«Me encanta la enorme zona de cosplay. Es genial poder admirar los elaborados disfraces de las salas.»

Youtuber Jasmin Sibel, alias «Gnu».

Mayores concentraciones de cosplay

A la gente le encanta disfrazarse de sus personajes preferidos...

Harry Potter	997	Perth, Australia	22-11-2017
Superman	867	Cumbria, Reino Unido	27-07-2013
Batman	542	Alberta, Canadá	18-09-2014
Doctor Who	492	Ciudad de México, Mex	19-03-2016
Mario	230	Chifeng, China	18-08-2010

Mayor concentración de gente disfrazada de Steve...

«Steve» era el apodo de la skin predeterminada del jugador de *Minecraft*, sugerido por el creador del juego, Markus Persson. 337 fans adoptaran su apariencia en Peterborough, Reino Unido, en la MineVention del 12-09-2015. De acuerdo con las pautas de los GWR, todos llevaban una cabeza con forma de bloque pixelado, los característicos vaqueros azules y la camiseta azul por fuera.

... ¡y de Lara Croft!

En el estreno de la película *Tomb Raider* (EE. UU., 2018), 316 fans disfrazados con el top verde y los pantalones cortos negros de Lara Croft, la heroína del filme, llenaron una sala entera. El evento lo organizó Warner Bros. Pictures en Pequín, China, como parte de la promoción del reinicio de la franquicia, que interpretaba Alicia Vikander en el papel principal, relevando a Angelina Jolie.

El héroe con cuernos de *Hollow Knight* destaca entre la multitud.

11 Consola más vendida

PlayStation 2

XP

Año: 2000
Ventas: 160.000.000
Generación: Sexta

La PS2 de Sony se impuso a sus rivales de sexta generación y dominó el panorama de los videojuegos como no lo había hecho desde la NES de los años ochenta (pág. 44). Se lanzó en Japón en marzo del año 2000 (y en todo el mundo en otoño), y llegó a las tiendas 18 meses antes que sus rivales de Microsoft y Nintendo (pág. siguiente), justo cuando la Dreamcast de Sega, a punto de ser descatalogada, perdía vigencia. Además de un diseño elegante y unos gráficos impresionantes, atrajo a los jugadores con características como la retrocompatibilidad con la PS original y un reproductor de DVD integrado (entonces eran la última moda). ¿El resultado? Unas ventas sin precedentes de 160 millones de unidades.

Los jugadores de la PS2 podían guardar sus progresos en el juego en tarjetas de memoria de 8 MB.

Nuestra selección de las PlayStation más populares

PlayStation 4
117 millones (noviembre, 2013)

PlayStation
102,4 millones (diciembre, 1994)

PlayStation 3
87,4 millones (noviembre, 2006)

PlayStation Portable
76,4 millones (diciembre, 2004)

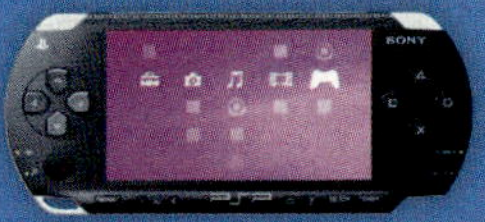

PlayStation 5
54,8 millones (noviembre, 2020)

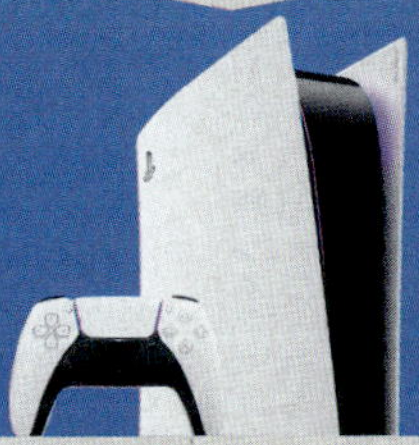

PlayStation Vita
15-16 millones (diciembre, 2011)

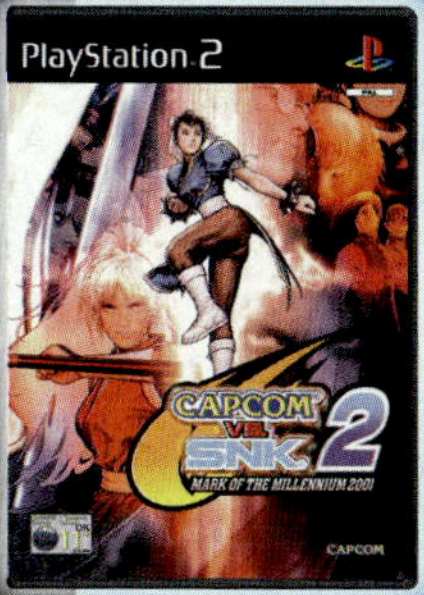

Primero en ofrecer un juego multiplataforma

Jugar una partida en línea contra alguien que utiliza una consola diferente ya es habitual, pero no lo era en el año 2001. La Dreamcast de Sega y la PS2 competían entre sí, pero unieron sus fuerzas para crear la secuela de juegos de lucha *Capcom vs. SNK 2: Mark of the Millennium 2001* (Capcom, 2001). La brecha tecnológica entre las consolas se salvó mediante un servicio de «multiemparejamiento» a través de Internet.

Guerra de consolas

A finales de la década de 1990, parecía que la batalla por el dominio en el nuevo mundo de las consolas de sexta generación sería una lucha a cuatro bandas. Pero la GameCube de Nintendo (21 millones de ventas, seis años de producción), la Dreamcast de Sega (9 millones, tres años) y la Xbox de Microsoft (24 millones, cinco años) pronto se quedaron en el camino. De este modo, la PlayStation 2 se convirtió en la vencedora indiscutible, impulsada por una serie de juegos superventas de diversos géneros (abajo).

¡QUE LO SEPAS!

La consola más vendida era apreciada por millones de fans, pero Dan Holmes (UK) llevó su devoción más allá cuando en 2002 cambió legalmente su nombre por el de Mr. PlayStation 2. Sony quedó impresionada: «Su lealtad es enorme».

Juegos más vendidos para la PS2

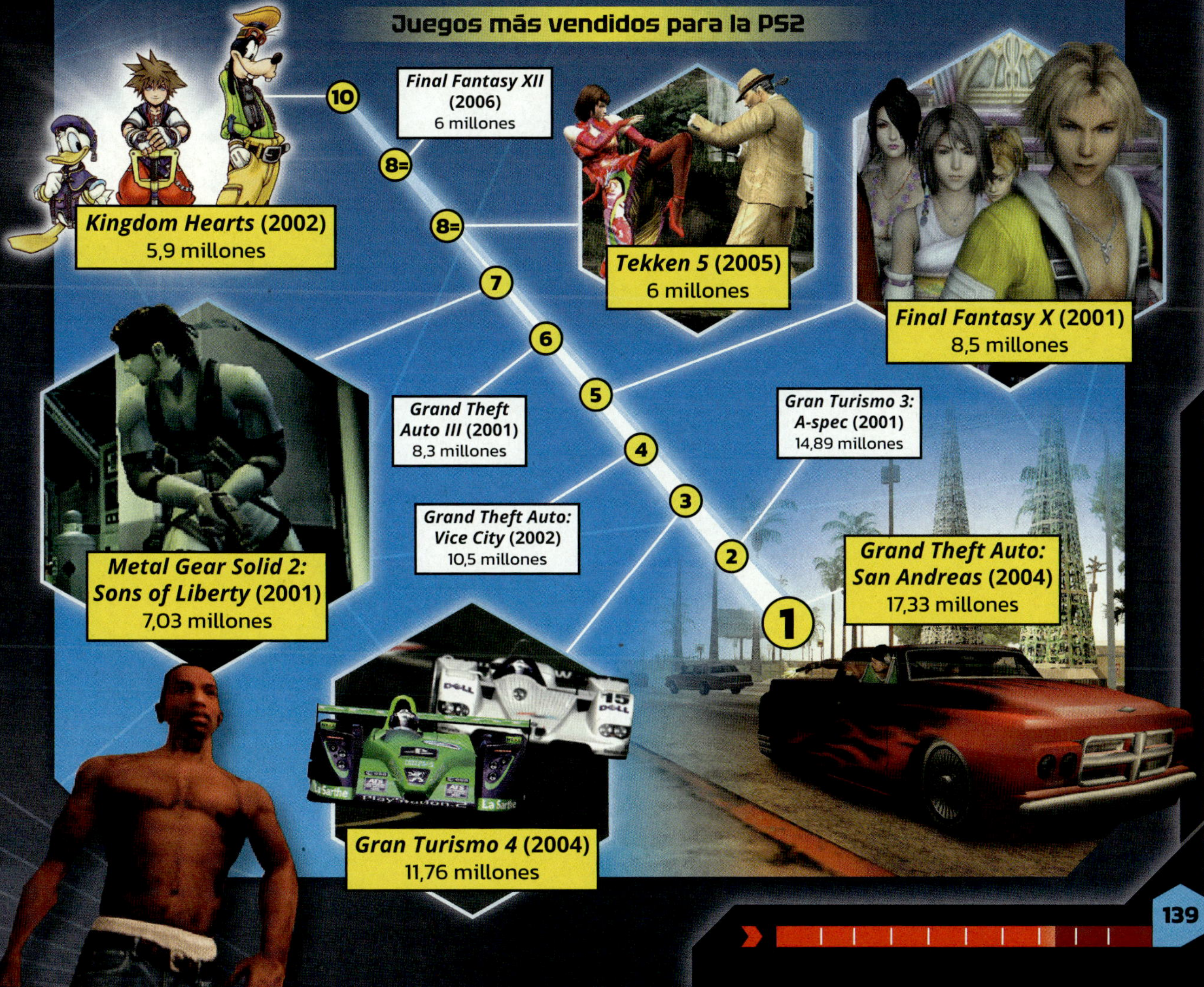

10 Heroína de juegos más vendida

Lara Croft

A fecha de diciembre de 2022, la serie de *Tomb Raider* había vendido más de 95 millones de unidades. Poco después de su debut en 1996, la legendaria arqueóloga del juego, Lara Croft, se convirtió rápidamente en un icono de los videojuegos a la altura de Mario, Sonic, Link y PAC-MAN. En 1999, era una figura reconocible más allá de los videojuegos y se convirtió en la **primera protagonista femenina de un juego en grabar un álbum**. Se tituló, acertadamente, *Female Icon*. Lara ha aparecido ya en 30 juegos, incluidos varios títulos de lanzamiento limitado exclusivos del Reino Unido. Todo podría haber sido muy distinto: en un principio iba a ser una heroína latina llamada Laura Cruz, pero los desarrolladores de Core Design se decantaron por «Croft».

XP

Nacimiento: 14-02-1968
Debut: 1996
Juegos prals: 12

Sello de aprobación

En 2020, el Royal Mail, el servicio de correos británico, lanzó una serie de 12 sellos postales que conmemoraban la historia de la industria británica de los videojuegos. Cuatro de ellos (abajo) eran de *Tomb Raider*; 15 años antes, Lara se había convertido en la **primera protagonista femenina de un videojuego en aparecer en un sello** al ser homenajeada en Francia (derecha).

En el cine

La Croft de las películas es tan conocida como la de los videojuegos. Angelina Jolie (USA, abajo a la izquierda) la interpretó en el filme de 2001 *Lara Croft: Tomb Raider* (USA) y en su secuela *La cuna de la vida* (USA, 2003). Alicia Vikander (SWE, abajo a la derecha) asumió el papel en la nueva versión de 2018 de *Tomb Raider* (USA).

Unreal lo hace real

En diciembre de 2022, el desarrollador Crystal Dynamics y el distribuidor Amazon Games anunciaron que estaban trabajando en un nuevo juego de *Tomb Raider* con Unreal Engine 5. Cuando se presentó el impresionante motor en 2020, se exhibió con *Lumen in the Land of Nanite* (arriba), una demo en tiempo real que se ejecutaba en directo en una PS5. El diseño gráfico del juego, repleto de miles de millones de polígonos, se parecía mucho a un juego de *Tomb Raider*, por lo que los fans de Croft están expectantes ante la próxima entrega.

¡QUE LO SEPAS!

El sencillo y llamativo disfraz de Lara Croft —camiseta de tirantes, pantalones cortos, botas y cartuchera—, la ha convertido en una opción muy popular tanto para cosplayers como para quienes se disfrazan ocasionalmente. Incluso hay un sitio web dedicado al arte de disfrazarse de Lara: hay más de 7.400 fotos en laracroftcosplay.com, así como tutoriales de ropa, peinado y maquillaje.

¿A cuántos personajes femeninos emblemáticos conoces?

Respuestas en la pág. 191

9 Juego más adaptado

Tetris

Desde que los bloques de cuatro piezas (tetrominós) empezaron a caer en 1984, se han desarrollado más de 200 variantes oficiales de *Tetris* para más de 70 sistemas únicos. En cualquier cosa parecida a un ordenador, es probable que halles una versión compatible. Aparte de los dispositivos para los que se fabricó y de la versión para Game Boy que lo convirtió en un éxito mundial, ¿qué te parece el oscuro CD-i de Philips? ¿O el TRS-80? A pesar de todas las variaciones, el modo de juego «fácil de aprender, difícil de dominar» de *Tetris* (récord increíble en la pág. 83) es el mismo, y ha dado lugar a unas ventas de 520 millones en todos sus diseños, lo que lo convierte, extraoficialmente, en el **juego más vendido** (págs. 176-181).

XP

Debut: 1984
Creadores: Alexey Pajitnov
Variantes: 200+
Ventas: 520 millones (todas las versiones)

Tetris (1989) NES

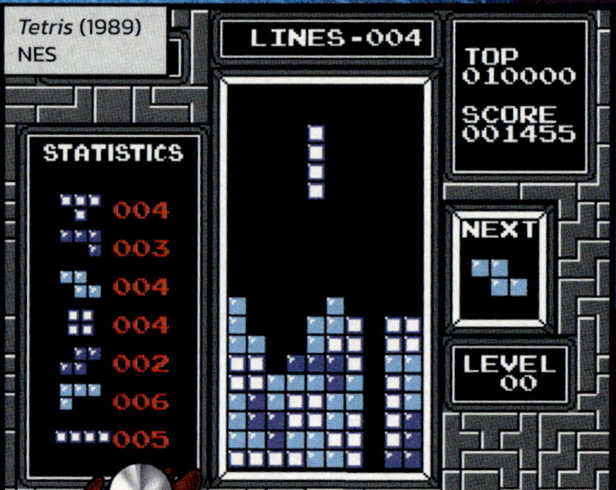

Tetris (1989) Game Boy

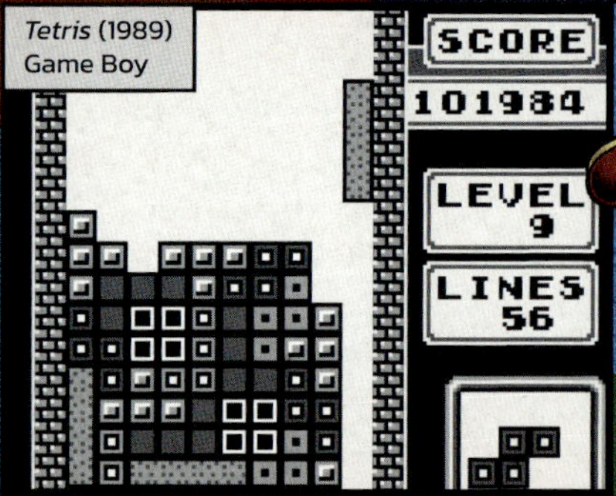

Dr. Mario (1990) Game Boy

Tetris Beat (2021)
Apple Arcade

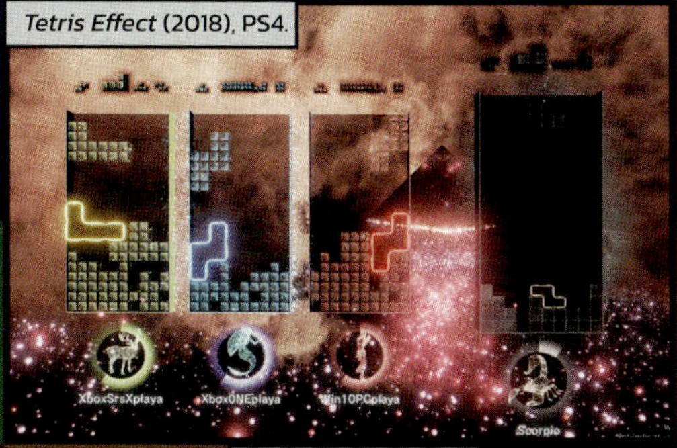

Tetris Effect (2018), PS4.

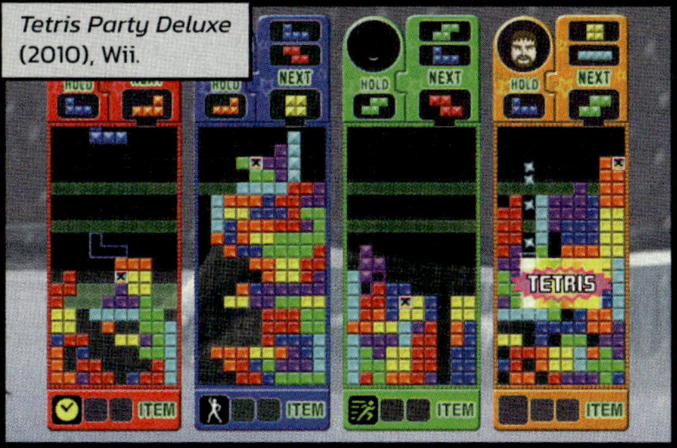

Tetris Party Deluxe (2010), Wii.

Tomando forma

A pesar de no tener personajes reales ni historia, *Tetris* es sorprendentemente popular entre los cosplayers. Si tú y tus amigos tenéis a mano algunos disfraces de bloques, piensa en la posibilidad de batir el récord oficial de GWR correspondiente a la **mayor reunión de personas disfrazadas de bloques de *Tetris***. Si quieres presentar una solicitud, consulta las págs. 8-9.

Campeón mundial de *Tetris* más joven

El trepidante mundo del *Tetris* de competición (págs. 82-83) es un juego que entusiasma a los jóvenes. En la final del Campeonato Mundial de Tetris Clásico 2020, Andrew «P1xelAndy» Artiaga, de 15 años, fue derrotado por su hermano menor Michael (conocido como «Dog»), de 13 años y 16 días. Para no ser menos, el 04-01-2024, «P1xelAndy» se convirtió en el tercer jugador el mundo en alcanzar la pantalla de la muerte (pág. 83), y consiguió la **puntuación más alta en el *Tetris de NES***: ¡8,9 millones de puntos!

«P1xelAndy»

«Dog»

La lucha por el bloque oriental

La carrera en la década de 1980 por patentar este juego tan adictivo fue el tema central de la película *Tetris* de 2023, que recibió muy buenas críticas. En lugar de intentar lo imposible, hacer que los bloques que caen sean los protagonistas, la película sigue la arriesgada intriga internacional que supone publicar el juego fuera de la Unión Soviética.

8 Más seguidores en Twitch

«Ninja»

Desde que se unió a Twitch el 17-11-2016, «Ninja» (Richard Tyler Blevins, USA) ha ascendido hasta convertirse en la mayor estrella de la plataforma. A fecha de 03-04-2024, sus 19 millones de seguidores lo sitúan muy por delante de sus rivales más cercanos, «auronplay» (16,2 millones) e «ibai» (15,5 millones; pág. 89). El ascenso de «Ninja» como rey de los streamers de videojuegos se produjo casi de la mano del crecimiento masivo de *Fortnite* a finales de la década de 2010. La retransmisión en Twitch de *Fortnite* con la superestrella del rap Drake el 14-03-2018 contribuyó a ello. En su momento, fue la **retransmisión de Twitch con más espectadores simultáneos realizada por una persona** (con un pico de 667.000), lo que demuestra el poder de atracción de las retransmisiones con «celebridades».

«Ninja» empezó como un jugador profesional al que le encantaba *Halo*.

XP

Alias: «Ninja»
Nacimiento: 05-06-1991
Juego favorito: *Fortnite*

Primer torneo *Fortnite* Pro-Am

La pareja formada por «Ninja» y el DJ/productor Marshmello (USA) se impuso a otras 49 en Los Ángeles en junio de 2018. ¡Y eso a pesar de que Marshmello jugaba con su famoso casco! El torneo benéfico, que emparejó a jugadores profesionales con famosos, llevó a *Fortnite* a lo más alto de las listas de audiencia de Twitch el 12 de junio, con 700.000 espectadores.

Los 5 juegos más retransmitidos de «Ninja»

Videojuegos en el cine

Free Guy (USA, 2021) muestra la vida de un cajero de banco, aparentemente anodino, llamado Guy (interpretado por Ryan Reynolds) que descubre que en realidad es un personaje no jugador de un MMORPG. En la película aparecen streamers como «Ninja», «DanTDM», «Pokimane» y «LazarBeam», que reaccionan ante la acción desarrollada en el juego ficticio de Guy.

¡QUE LO SEPAS!

En 2019 se evidenció que la fama de «Ninja» se extendía más allá del mundo de los videojuegos... ¡y eso que nadie podía verle la cara! Disfrazado de helado, interpretó un par de canciones en la segunda temporada del concurso *The Masked Singer*, emitido por la televisión estadounidense. «Ha sido lo más aterrador que he hecho en mi vida», afirmó «Ninja».

Las 5 mejores cuentas de Twitch

Cuenta	Seguidores
«Ninja»	19.021.412
«auronplay»	16.225.658
«ibai»	15.545.710
«Rubius»	14.913.186
«xQc»	11.979.700

Fuente: Social Blade, a fecha de 03-04-2024.

7 Mayor plataforma de contenidos

Roblox

Esta plataforma de creación de juegos en línea no deja de crecer: a finales de 2023 alcanzó la cifra de 71,5 millones de usuarios activos diarios, es decir, casi una cuarta parte más que el año anterior. En los últimos tres meses de 2023, *Roblox* contabilizó más de 200 millones de usuarios activos mensuales. Con más de 4,4 millones de juegos activos (o «experiencias») que abarcan múltiples géneros, es fácil ver por qué su base de usuarios, en su mayoría jóvenes, vuelven a por más. Según Roblox, más de la mitad de los menores de 16 años estadounidenses, y tres cuartas partes de los niños de 9 a 12 años, están en la plataforma.

Juego más popular de *Roblox*

Según las estadísticas supervisadas por Roblox, el RPG *Brookhaven RP*, creado por «Wolfpaq» (izquierda), había atraído más de 46.600 millones de visitas a fecha de 24-04-2024. Cuenta con 485.526 jugadores y un tiempo medio de juego de 15 min y 32 s. *Brookhaven RP* se describe como un lugar donde puedes «ser el propietario de casas increíbles y vivir en ellas, conducir vehículos geniales y explorar la ciudad». La mayoría de los objetos, casas y vehículos son gratis, aunque algunos requieren pases del juego.

Juegos de *Roblox* más visitados

Videojuego	Visitas
Brookhaven RP	46.600 millones
ADOPT ME!	36.000 millones
Blox Fruits	32.800 millones
Tower of Hell	22.900 millones
MeepCity	15.900 millones

roblox.com, a fecha de 25-04-2024.

XP

Debut: 2006
Desarrollador: Roblox Corp.
Distribuidor: Roblox Corp.

El parque de bomberos de *Brookhaven RP* y, a la derecha, la comisaría de policía.

RNG

5.800 millones

Número de cuentas registradas en *Roblox*. Hay más de 2,4 millones de desarrolladores en la plataforma y 19,4 millones de comunidades o «grupos».

Concierto oficial de *Roblox* mejor valorado

Según RoMonitorStats.com, el concierto de la Super Bowl de Saweetie que se celebró en febrero de 2023 obtuvo un índice de aprobación del 95,86 %, cuatro puntos más que el del grupo de K-pop NCT 127, que quedó en segundo lugar. La rapera estadounidense interpretó éxitos como *Tap In* y *Icy Grl* en el juego de rol *Rhythm City* de Warner Music (ahora *Harmony Hills*).

Juego de marca más visitado en *Roblox*

El juego multijugador masivo en línea (MMO) *Sonic Speed Simulator* del pequeño erizo azul encabeza la lista de experiencias de marca oficiales en *Roblox*, con 933,65 millones de visitas en 25-04-2024. Desarrollado para Sega por Gamefam Studios (USA), este gran éxito salió a la venta en abril de 2022 y cuenta con 230 millones de visitas más que el segundo clasificado, *Miraculous RP: Ladybug & Cat Noir*.

Colaboraciones de *Roblox*

Las empresas quieren promocionar sus marcas en *Roblox*. En 2024, Squishmallows, los peluches que se hicieron virales en TikTok en 2020, colaboraron con la tienda de ropa H&M en la vida real y en el juego (arriba); el *Galactic Speedway Creator Challenge* (centro) fue patrocinado por la película *Star Wars: El ascenso de Skywalker* (USA, 2019); y una promoción de *Stranger Things 3* en 2019 ofreció a los usuarios dos objetos de descarga gratuita y cuatro objetos con código promocional.

MEJORES RECREACIONES DEL GAMER'S EDITION

Una de las mejores maneras de visualizar a los jugadores que han obtenido un récord es hacer que aparezcan en sus videojuegos favoritos. Lucy Talavera, la editora fotográfica del GE, recoge aquí sus recreaciones favoritas de los últimos 15 años, en las que se refleja su dedicación, su inventiva y, sobre todo, su sentido del humor.

Para ilustrar el récord de *Red Dead Redemption* del **viaje más rápido en burro desde Dixon Crossing hasta Gaptooth Ridge**, vestimos al jugador Dan White (UK) de vaquero y lo subimos a lomos de un asno. Nos pareció divertido mostrar cómo consiguió recorrer el mapa del juego en 11 min y 7 s.

En 2010, Ryan Hart (UK) canalizó su Ryu interior para representar el **mayor número de torneos ganados en juegos de la serie de *Street Fighter***: 30. Su digna adversaria en el Chinatown londinense fue Marie-Laure Norindr (FRA) alias «Kayane», la **primera mujer en ganar un evento profesional de *Street Fighter***.

En octubre de 2016, Daniel Middleton (UK) («DanTDM»), era el rey de los creadores de contenido de *Minecraft*. Los vídeos de su canal de YouTube, muy apreciado por destacar la narración y los personajes, habían sido vistos más de 9.000 millones de veces, lo que le valió el **mayor número de visualizaciones para un canal de YT de un solo juego**. Sigue siendo muy popular, ya que cuenta con casi 20.000 millones de visualizaciones.

Convertirse en la **jugadora con más ingresos** de la edición de 2016 dio como resultado una memorable sesión de fotos para Kat «Mystik» Gunn (USA) en el paisaje de Vasquez Rocks, California. Como jugadora profesional de las competiciones de *Halo*, ¿qué otro atuendo podía llevar sino la armadura Mjolnir del Jefe Maestro? Ahora, el récord ha es de Sasha «Scarlett» Hostyn (pág. 27).

Nadie puede cuestionar la devoción de un jugador que batió uno de sus récords de *Super Mario Kart* la medianoche del día de Navidad de 2013. Sami Cetin (UK) esquivó las pieles de plátano reales de esta pista del Revolution Karting (Londres). Para completar la sesión de fotos, Gaz y Liz, los adjudicadores del GWR, se disfrazaron de Donkey Kong y Peach.

Para representar el **mayor número de goles marcados en un partido de *Rocket League* por un equipo de dos personas** (entonces 56), transportamos mágicamente a bordo de sus coches a Shashi-preetham Rao Ravella (IND, izq.) y a Jamal Gianni Ragno (UK, dcha.) en medio de un alocado partido de fútbol. ¡Gooooooo!!

En 2018, Alex Tan (USA) se puso un casco, un mono y un bigote postizo para ayudarnos a ilustrar el **nivel más difícil creado en *Super Mario Maker***. «Pit of Panga: U-Break» había sido completado solo 367 veces de 4.805.934 intentos, lo que significa que demostró más astucia que el 99,99 % de los que lo jugaron. (En la pág. 171 puedes ver el **mayor tiempo en completar un nivel de *Super Mario Maker***.)

6 Producto más rápido en recaudar 1.000 millones brutos

Grand Theft Auto V

El mundo trepidante de recorrido libre de *GTA V* ha demostrado ser irresistible para los jugadores. La séptima entrega principal en la popular serie se lanzó el 17-09-2013 en todo el mundo y recaudó 1.000 millones de dólares en ventas en solo tres días. A fecha de febrero de 2024, *GTA V* había vendido más de 195 millones de unidades, convirtiéndose así en el **juego de acción y aventuras más vendido**. También es el **juego más vendido para la PS3**, con más de 20,3 millones de ejemplares. No es de extrañar, por tanto, que *GTA* sea la **serie de acción y aventura más vendida**, con más de 420 millones de unidades. El juego no solo es famoso por sus coches: el lanzamiento de la quinta entrega contaba con 217 vehículos de tierra, mar y aire, por lo que se trata del **juego *GTA* con más vehículos**.

XP

Fecha: 2013
Desarrollador: Rockstar
Distribuidor: Rockstar

Más rápidos en recaudar 1.000 millones de dólares

Título	Formato	Tiempo
GTA V (2013)	Videojuego	3 días
Vengadores: Endgame (2019)	Película	5 días
Call of Duty: Modern Warfare II (2022)	Videojuego	10 días
Vengadores: Infinity War (2018)	Película	11 días
Star Wars: El despertar de la Fuerza (2015)	Película	12 días
Spider-Man: No Way Home (2021)	Película	12 días

Fuente: The-Numbers.com, a fecha de 25-04-2024.

Mejor juego con perspectiva cenital

El primer *GTA*, de 1997, se ve muy distinto a los juegos posteriores de la serie. Ofrece una perspectiva cenital, y su mundo abierto digamos que no es tan abierto. Pero el juego fue igual de polémico que sus sucesores: cuando salió, el Ministerio de Justicia de Brasil lo prohibió.

Multa por exceso de velocidad

¿Quieres batir el récord de **menor tiempo en completar al 100 % *GTA V***? A fecha de marzo de 2024, tendrás que hacerlo mejor que «UnNameD» (POL), que terminó las 69 misiones (sin taxis) en 9 h, 53 min y 10 s el 19-09-2023. Puedes elegir el final, pero no saltarte ninguna misión.

¡Pwn!

Gracias a la actualización de marzo de 2024 de *GTA Online*, puedes embarcarte en el icónico tren de mercancías. Para hacerte con el control, tendrás que completar las misiones «Cluckin' Bell Farm Raid», que te retan a robar la locomotora de las instalaciones del cártel de la droga.

Dos juegos de *Pocket Monsters* dieron paso a una nueva era de los videojuegos.

XP

Debut: 27-02-1996
País: Japón
Plataforma: Game Boy

RNG

82

El mayor número de pokémons identificados en un minuto, en Nueva York el 17-09-2022 por Jen Molly Walker (USA). ¿Podrías batir este récord? (Págs. 8-9).

5 Serie de rol más vendida

Pokémon

El 27-02-1996, salieron dos juegos para la Game Boy en Japón, *Pocket Monsters Red* y *Green*. Aunque recibieron buenas críticas, el lanzamiento para la longeva consola portátil despertó poca expectación. Sin embargo, los juegos fueron un éxito gracias a la popularidad del boca a boca y a una innovadora mecánica de juego, que permitía intercambiar pokémons con un cable, el Game Link. A finales de 1997, las versiones *Red* y *Green* habían vendido 4,7 millones de ejemplares solo en Japón y estaba en marcha un lanzamiento internacional (*Rojo* y *Azul*). Desde entonces, *Pokémon* se ha convertido en un coloso de la industria: ha vendido más de 480 millones de unidades en sus 41 lanzamientos y ha sido motivo de inspiración para muchos juegos derivados.

¡Toc, toc, toc! Aquí está Pikachu...

Aunque es 15 años más joven, Pikachu gana a Mario en cuanto a apariciones en videojuegos. Está en todas partes, desde monitores de sueño (pág. siguiente) hasta juegos de lucha como *Super Smash Bros*. Desde su debut en 1996, Pikachu ha aparecido en 79 juegos, por lo que el ratón eléctrico es el **personaje de rol más ubicuo**.

Fenómeno mediático

Con 24 largometrajes de animación y una película de acción real (*Detective Pikachu*, 2019, USA), *Pokémon* tiene el récord de la **serie de videojuegos con más spin-offs cinematográficos** y es la **franquicia cinematográfica de una serie de videojuegos más taquillera**, con más de 1.500 millones de dólares en ingresos. Es más, la serie de *Pokémon*, en antena desde 1997, acumula más de 1.200 episodios, siendo la **serie de anime basada en un videojuego más longeva**.

Primer jugador en llegar al nivel 50 en *Pokémon GO*

Cuando el nivel máximo de *GO* pasó del 40 a finales de 2020, una avalancha de jugadores se afanaron por ser los primeros en llegar al 50. El 26-01-2021, Daniel «FleeceKing» Amos (AUS) lo consiguió. Hacer 999 lanzamientos excelentes y atrapar cinco pokémons legendarios fueron solo dos de las misiones que debían completarse antes de llegar a la cima. «FleeceKing» recorrió la friolera de 20.614 km y capturó cerca de 800.000 pokémons por el camino.

¡QUE LO SEPAS!

Pokémon Sleep se lanzó en julio de 2023. Menos de dos meses después, el monitor de sueño ludificado contaba con 10 millones de descargas. Además de recompensar el sueño reparador con pokémons raros, la voz de Pikachu te dice cuándo es hora de dormir o despertarte.

Más rapidez en completar *Escarlata* y *Púrpura* en any%

Joshua «halqery» Cullins (USA) completó *Escarlata* y *Púrpura* en la Switch en 5 h, 19 min y 25 s el 30-11-2023, según speedrun.com. A fecha de 25-04-2024, el enérgico texano cuenta con muchos otros récords de *Pokémon*, incluido el de **completar con más rapidez la búsqueda del tesoro de *Escarlata* y *Púrpura*** (3 h, 48 min y 50 s), ***Leyendas Pokémon: Arceus* en any%** (3 h, 39 min y 14 s) y **el amuleto iris en *Leyendas: Arceus*** (7 h, 57 min y 55 s).

¡Pwn!

En *Pokémon Escarlata* y *Púrpura*, te aconsejamos que hagas acopio de pokémuñecos. Si terminas enfrentándote a los Pokémon salvajes, estos muñecos te ayudarán a escabullirte de la batalla. Y procura que tu entrenador coma asiduamente para cargarse de nutripoderes.

Pokeartículos de promoción

Pokémon es propiedad de tres empresas: Nintendo, Game Freak y Creatures. La tercera controla los artículos promocionales con licencia inspirados en los juegos de *Pokémon*. El primer gran acuerdo fueron las cartas coleccionables (arriba) que lanzó en 1996, de las que, a fecha de mayo de 2023, se han fabricado casi 53.000 millones. Con los años, se han adornado con ilustraciones de Pokémon, desde ropa hasta calzado, peluches e incluso coches (como este prototipo único del Mini Cooper).

¡Hazte con todos!

Los campeonatos mundiales de *Pokémon* han reunido a entrenadores de juegos de cartas y videojuegos de todo el planeta. La edición de 2023 se celebró en Yokohama, Japón, del 11 al 13 de agosto. Shohei Kimura (JPN) se proclamó campeón en la división máster, mientras que «ItsAXN» (USA) se llevó el primer premio de *Pokémon GO*. Shao Tong (TPE) fue el ganador de la división júnior del juego de cartas coleccionables, y Gabriel Fernandez (BRA), de la división sénior.

«ItsAXN» | Shao Tong | Gabriel Fernandez | Shohei Kimura

Luminosity Gaming, los ganadores de *Pokémon Unite* en 2023.

Disfraz de globos más grande de Pokémon

Tom Kent (UK) es un genio de la globoflexia. Necesitó 350 globos amarillos, negros y rojos para crear este Pikachu inflable de 262 cm de alto. En 2021, Tom consiguió el récord del **disfraz de globos más grande** con su Hulk inflable (derecha), que medía la friolera de 353 cm.

4 Videojuego mejor valorado

The Legend of Zelda: Ocarina of Time

Lanzado para la Nintendo 64 en 1998, este clásico de acción y aventura (el primero de la serie de *Zelda* con gráficos en 3D) es el único juego que ha alcanzado una puntuación de 99 en la página global de valoraciones Metacritic. El quinto título de la popularísima franquicia se mantiene en el n.º 1 de la tabla, por delante de *Grand Theft Auto IV* y *SoulCalibur*, que comparten la segunda posición con 98 puntos. La crítica de GameSpot predijo con acierto que *Ocarina* era una «obra maestra de la que la gente seguirá hablando de aquí 10 años». Un brillante remake lanzado para la 3DS en 2011 recibió unos respetables 94 puntos en Metacritic.

XP

Fecha: 1998
Desarrollador: Nintendo EAD
Distribuidor: Nintendo

R N G

150.740.000

Juegos vendidos en todo el mundo de la franquicia de *The Legend of Zelda* a fecha de abril de 2023. Más de 30 millones de ellos son de *Breath of the Wild*, de 2017.

Mayor colección de objetos de Zelda

En el último recuento oficial, Anne Martha Harnes (NOR) contaba con la increíble cifra de 1.816 objetos relacionados con *Zelda*. Iniciada en 2008, la colección incluye juguetes, figuras a tamaño real, disfraces y su objeto preferido: una guitarra Zora, con forma de raspa de pescado.

Más rapidez en completar al 100 % *The Legend of Zelda: Tears of the Kingdom*

El 20.º título principal de *Zelda* (págs. 160-161) fue completado al 100 % (todas las misiones principales, aventuras secundarias, pruebas heroicas y recuerdos) por «Tippi» (UK), quien jugó durante 1 día, 5 h, 45 min y 16 s el 15-10-2023. En comparación, ocupando el primer lugar de la tabla de Speedrun de ***Ocarina* al 100 %**, a fecha de febrero de 2024, está «glitchymon» (CAN), quien completó todos los desafíos a fecha de 07-01-2024 en tan solo 3 h, 45 min y 41 s.

¡Pwn!

Un consejo para *Tears of the Kingdom*: el poder de retroceso permite congelar el tiempo y hacer retroceder objetos. Así, ante un enemigo que use arco, puedes detener el tiempo mientras la flecha está en el aire. Selecciona la flecha y esta retrocederá y herirá a tu enemigo.

Juego de *Zelda* para la N64 más raro

De los casi 400 juegos para la N64, un lanzamiento del año 2000 (limitado a 1.000 ejemplares) ha despertado el interés de los coleccionistas. Con una copia del juego, un CD de la banda sonora, un reloj, una camiseta y chapas, el «Limited Edition Adventure Set» de *The Legend of Zelda: Majora's Mask* también venía con un certificado de autenticidad numerado. En eBay, a fecha de 16-04-2024, se vendía un ejemplar por 50.000 €.

Quince años después del original, *Majora's Mask* se reeditó para la 3DS.

RNG

+325.000

Cantidad de consumidores estadounidenses que dieron una paga y señal para reservar sus ejemplares de *Ocarina of Time* antes del lanzamiento. En la época, fue el **juego con más reservas anticipadas**.

¿Quién manda en Hyrule?

Cuando *Super Mario Bros.: la película* (USA, 2023) se convirtió en la **película basada en un videojuego más taquillera** (págs. 68-69), se planteó la posibilidad de rodar una versión en acción real de *Zelda*. En el momento de entrar en imprenta, no había ninguna confirmación, lo que ha desatado las especulaciones. Arriba, desde la izquierda, actores como Tom Holland y Thomas Brodie-Sangster se han relacionado con el proyecto, con Hunter Schafer y Zendaya como candidatas para interpretar a Zelda.

Derrota más rápida de Ganon

Ganon, alias «Ganondorf Dragmire», se erige ominosamente sobre estas líneas igual que sobre la franquicia de *Zelda*. Con el salto al 3D en *Ocarina of Time* (1998), Ganon resultaba incluso más aterrador. No obstante, el 24-03-2024, «Amateseru» (FRA) tardó 10 min y 33,45 s en levantarse de la cama de Link en el bosque Kokiri y derrotar a la colosal forma final de Ganon.

¡QUE LO SEPAS!

El **juego de Zelda más caro vendido en una subasta** era un ejemplar en perfecto estado de *The Legend of Zelda* (1986). Se pagaron 870.000 dólares por él en 2021. El juego volvió a ser noticia en febrero de 2024, cuando se vendió otro ejemplar por 288.000 dólares. El vendedor, un chico de 22 años de California, pensaba que no sacaría más de 20.000 dólares por su reliquia de familia.

Personaje mejor valorado

Link aparece nueve veces en la lista de los 100 juegos mejor valorados de todos los tiempos de Metacritic. Esta lista incluye dos versiones de *Ocarina of Time* (la original y el remake para 3DS), pero no el original *Legend of Zelda*, que «solo» tiene 84 puntos. Mario, el compañero de Nintendo, va segundo con seis apariciones (incluido *Super Smash Bros. Brawl* de 2008), mientras que Solid Snake de *Metal Gear* de Konami va tercero con cuatro apariciones.

CRONOLOGÍA DE *THE LEGEND OF ZELDA*

Para adentrarte en el universo de Zelda, tal vez quieras pasarte los juegos en orden cronológico. Sin embargo, no es tan sencillo. Esta línea del tiempo representa la cronología confusa por todos conocida de la épica serie, que se divide a raíz de los acontecimientos de *Ocarina of Time*.

Phantom Hourglass (2007)
Spirit Tracks (2009)
Tri Force Heroes (2015)
Zelda II: The Adventure of Link (1987)
Según Eiji Aonuma (el productor de la serie de Zelda para Nintendo), la cronología acaba aquí.
Tears of the Kingdom (2023)
A Link Between Worlds (2013)
The Legend of Zelda (1986)
Breath of the Wild (2017)
Four Swords Adventures (2004)

VIDEOJUEGOS DEL METAVERSO

Desde que los primeros ordenadores se interconectaron, existe la idea de un mundo virtual compartido, o metaverso, donde todo sería posible...

Los primeros pasos se dieron a finales de la década de 1970, cuando los estudiantes se pusieron a programar juegos multijugador del estilo de *Dungeons & Dragons* para las redes de sus universidades, y los escritores de ciencia ficción empezaron a especular sobre las posibilidades que deparaba el futuro. (El término *metaverso* viene de *Snow Crash*, la novela de ciencia ficción ciberpunk de 1992 escrita por Neal Stephenson). Ahora mismo no estamos del todo preparados para la realidad virtual global de *Ready Player One*, pero estamos a las puertas de un mundo virtual de camino a convertirse en un espacio no solo para jugar, sino también para la vida cotidiana.

***EVE Online* (2003)**

EVE Online es un MMO espacial muy cañero que posiblemente ofrezca el mundo virtual más inmersivo jamás creado. Este universo persistente compartido permite a los jugadores vivir sus fantasías de ciencia ficción en la piel de mineros, piratas, comerciantes y mucho más. Si estás buscando un metaverso innovador, *EVE Online* es la respuesta.

***Ultima Online* (1997)**

Este primer gran MMO con éxito comercial también fue el primer juego online persistente de Origin Systems. Estableció muchas de las mecánicas de MMORPG modernos como *WoW*, que hacen que el mundo del juego parezca un lugar real donde el tiempo pasa y las cosas suceden aunque el jugador no esté.

***Roblox* (2006)**

Las plataformas de contenido generado por el usuario como *Roblox* hacen realidad otro aspecto del concepto del metaverso. Aquí, los usuarios no solo viven en un mundo preconstruido, sino que tienen el poder de moldear su entorno virtual y todo lo que sucede en él.

***Habitat* (1986)**

Conocido por los juegos point and click, LucasArts también creó la primera comunidad virtual a gran escala basada en gráficos. *Habitat* probablemente sea el primer metaverso, y el precursor de los juegos de rol en primera persona multijugador masivo en línea.

***Second Life* (2003)**

Lanzado hace 20 años, *Second Life* es lo más parecido a la visión del metaverso que presenta la novela *Snow Crash* (abajo). El desarrollador Linden Lab insiste en que no es un juego. De hecho, se centra en los avatares que interactúan con otros avatares de un mundo virtual, sin ningún conflicto inventado ni ningún objetivo marcado.

1935 | 1955 | 1986 | 1992 | 1997 | 2003 | 2006 | 2011

La historia de la realidad virtual es probable que empezara con el relato *Las gafas de Pigmalión*, de Stanley G. Weinbaum, en el que un personaje lleva unas gafas que ofrecen experiencias visuales, auditivas, gustativas, olfativas y táctiles.

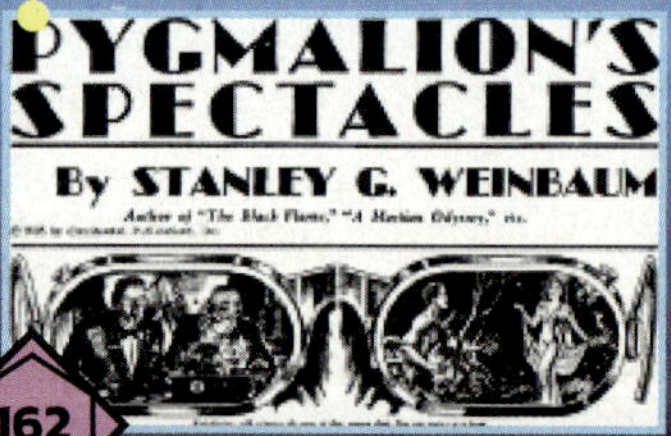

En 1955, el cineasta estadounidense Morton Heilig concibió un «cine del futuro» que ofrecía imágenes en 3D, movimiento físico, aromas y efectos meteorológicos. En 1962, construyó su prototipo «Sensorama», una máquina que simulaba un paseo en moto por Nueva York.

El término «metaverso» se acuñó en la novela de 1992 *Snow Crash*, obra del escritor estadounidense de ciencia ficción Neal Stephenson. Se refiere a un mundo virtual que ofrece salida a una realidad desalentadora, pero que está amenazado por un virus que controla la mente.

Minecraft (2011)

El sandbox de mundo abierto de Mojang (págs.176-182) incluye un modo online desde el lanzamiento de la fase alfa en mayo de 2009. Los jugadores de *Minecraft* pueden albergar sus propios mundos persistentes, llamados servidores, para que un gran número de jugadores socialicen y colaboren en proyectos colosales como los de las págs. 178-179.

The Sandbox (2012)

No todo es 3D. *The Sandbox* es una experiencia en 2D que permite a los jugadores crear su propio universo. Los jugadores combinan varios elementos basados en la física para crear objetos de bloques de píxeles que pueden compartir con toda la comunidad.

No Man's Sky (2016)

Mientras que la mayoría de los juegos se empeñan en crear mundos virtuales, *No Man's Sky* crea un universo virtual. Mediante la tecnología de generación procedural (pág. 81), los desarrolladores de Hello Games ofrecen una constelación de 18 trillones de planetas. Aunque tuvo un comienzo difícil, se ha convertido en un juego de culto, con una comunidad fiel entregada a la exploración de este cosmos sin límites.

Rec Room (2016)

Cambiemos los mundos virtuales por *salas* virtuales. Este metaverso permite crear salas y juegos a los que se accede desde un centro recreativo. Con la herramienta Maker Pen, los jugadores diseñan las salas y dibujan figuras en 3D. Incluso se puede programar en «Circuits», el lenguaje de programación propio de Rec Room.

Fortnite (2017)

Su popularidad y los recursos técnicos de su creador, Epic Games, han convertido *Fortnite* en una plataforma para todo tipo de eventos virtuales. Por ejemplo, el 24-04-2020, 12,3 millones de personas asistieron al **concierto más multitudinario de un videojuego**, interpretado por el rapero estadounidense Travis Scott. La asistencia a eventos de final de temporada puede ser aún mayor, ya que millones de jugadores se conectan para ver cómo las espectaculares puestas en escena cambian la distribución del mapa del juego. El evento Galactus, que marcó el final de la cuarta temporada, convirtió *Fortnite* en el **juego con más jugadores simultáneos**, con 15,3 millones de personas (págs. 164-170).

Red Dead Redemption 2 (2018)

Ningún juego le hace sombra al wéstern de Rockstar, con sus ambientaciones llenas de vida, sus personajes memorables y sus efectos visuales ultrarrealistas. Es la fantasía de vaqueros convertida en realidad virtual.

Cyberpunk 2077 (2020)

A medida que el mundo de la ciencia ficción ciberpunk clásica se parece cada vez más al nuestro, el género que inventó el metaverso está experimentando un resurgimiento. En este RPG de acción (págs. 134-135), los jugadores tienen la oportunidad de explorar el mundo digital como un *netrunner* aumentado tecnológicamente.

2012 | 2014 | 2016 | 2017 | 2018 | 2020 | 2022 | 2024

Los cascos de Oculus ampliaron las posibilidades de la realidad virtual inmersiva, videojuegos incluidos. Facebook (ahora Meta) reconoció el potencial y compró Oculus en marzo de 2014.

¿El metaverso será una herramienta positiva o negativa? Esta es la cuestión que aborda el manual de no ficción de Matthew Ball. Plantea que los «protometaversos» de *Roblox* y *Minecraft* son solo un aperitivo de lo que está por llegar, a medida que el metaverso empieza a revolucionarlo todo, de la sanidad y la educación a las compras y las citas.

Las gafas de realidad aumentada de RayNeo se presentaron en el CES 2024: ¿estamos un paso más cerca de las de Weinbaum (pág. anterior)?

3 CON MÁS JUGADORES SIMULTÁNEOS

Fortnite

Hay un montón de estadísticas que demuestran que el colosal battle royale de Epic Games es todo un fenómeno. Una de ellas corresponde al evento Galactus de *Fortnite* del 01-12-2020. En la misión con temática de Marvel, los superhéroes lucharon contra el devorador de mundos Galactus, alcanzando una cifra récord de 15,3 millones de jugadores simultáneos en el final de la cuarta temporada.

Sin duda, *Fortnite* ha cambiado las reglas del juego. Lo que en 2017 empezó como un juego de disparos multijugador contra hordas de enemigos controlados por ordenador (*Salvar el mundo*) se transformó en un modo battle-royale inspirado en *PUBG* (pág. 30). El sálvese quien pueda fue todo un éxito, y, desde entonces, la cantidad de jugadores no ha dejado de aumentar. Los mapas en constante evolución y las nuevas opciones son grandes revulsivos. En los últimos años, hemos visto diluvios, agujeros negros y lluvias de meteoritos. ¿Quién sabe qué deparará el futuro?

En la décima temporada, un meteorito amenazaba con caer sobre los habitantes de Socavón Soterrado.

Líder del Equipo Cuervo (izquierda) y Lince Renegada (derecha), del capítulo 4.

RNG

3.618.205

Cantidad de dólares ganados por el equipo canadiense de eSports Lazarus tras las victorias acumuladas en 30 torneos de *Fortnite*. Sin duda, el **equipo de *Fortnite* con más ingresos**.

E lanzarrayos Zeus de la segunda temporada del capítulo 5: *Mitos y mortales*.

La temporada Orígenes del capítulo 4 nos llevó de vuelta a la isla original con algunas skins nuevas.

XP

Fecha: 2017
Desarrollador: Epic Games
Distribuidor: Epic Games

MAPA DE *FORTNITE* MÁS JUGADO EN 24 H

Incluso para un juego de solo seis años, el peso del pasado se hace notar. El 03-11-2023, el regreso a la isla original de *Fortnite* en la temporada Orígenes (capítulo 1, quinta temporada) atrajo 44,7 millones de jugadores durante un total de 102 millones de horas. Fue la primera de una serie de fases que rememoran la historia del juego a la vez que aportan nuevos elementos, como el X-4 Stormwing (abajo).

VELOCIDAD Y SONIDO EN LAS CANCIONES DE *FORTNITE*

En diciembre de 2023, Epic hizo tres nuevos lanzamientos de *Fortnite*. Para los aficionados a los juegos de ritmo musical, el *Fortnite Festival* animaba a los jugadores a subirse al escenario principal o bien a hacer una improvisación. El primer artista invitado fue The Weeknd. *Rocket Racing* (la combinación de *Fortnite* con la *Rocket League* y su desafío de las leyes de la física) era para los que prefieren quemar rueda en un bólido. Encontrarás información del tercer juego en las págs. 168-169.

SKIN MÁS CARA DE *FORTNITE*

La skin Galaxia, con los cielos girando alrededor del cuerpo de un personaje, triunfó en 2018. Pero tenías que ser muy rico y muy rápido para hacerte con ella. Solo estaba disponible para los compradores de un móvil Galaxy Note 9 de 1.299,99 dólares o una tablet Tab S4 de 999,99 dólares, ambos de Samsung. Por si la oferta no fuera lo bastante exclusiva, estuvo vigente solo unos días a partir del 10 de agosto.

PRIMER PERSONAJE DE MARVEL EN *FORTNITE*

Durante una semana del mes de mayo de 2018, Thanos —el villano cinematográfico más malo del año (*Vengadores: Infinity War*, USA)— apareció en el mejor juego anual. En un modo especial, «El guantelete del infinito», los jugadores que hallaban este objeto podían transformarse en el Titán Loco de Marvel, un personaje con poderes para cargarse estructuras y jugadores de un superpuñetazo.

HOMENAJE A LOS *FORTNITERS*

De millonarios de 16 años a streamers de 78, estas páginas son un homenaje a los jugadores que han batido récords en *Fortnite* y siguen afianzando el juego como todo un fenómeno.

JUGADOR CON MÁS INGRESOS DE *FORTNITE*

A fecha de 11-04-2024, Kyle «Bugha» Giersdorf (USA, izquierda) había ganado 3.672.300 dólares jugando a *Fortnite*. Su año más lucrativo fue 2019, cuando, con 16 años, ganó 3.080,191 dólares, la mayor parte procedente del primer premio individual de 3 millones de dólares de la Copa Mundial de Fortnite (pág. 167). Se trata del **mayor desembolso para un único jugador en un torneo de eSports**.

La **jugadora con más ingresos de *Fortnite*** es Tina «TINARAES» Perez (USA, derecha), que ha ganado 68.290 dólares desde 2018.

MÁS VICTORIAS EN *FORTNITE BATTLE ROYALE*

El usuario de Twitch «Ship» (USA, abajo) llevaba 49.240 victorias acumuladas, según fortnitetracker.com, a fecha de 11-04-2024. Esto es 20.000 veces más que su rival más cercano. «Ship» también tiene el récord de **más victorias en *Fortnite* por equipos**, con 22.111 victorias en 30.145 partidas. También es el tirador más letal, con **más eliminaciones en *Fortnite Battle Royale***: 564.856 en total, unas 140.000 más que su rival más cercano. «Ship» ha conseguido estas marcas gracias a las más de 16.500 h que ha dedicado al juego.

MÁS ELIMINACIONES EN *BATTLE ROYALE* CON UN JOYSTICK QUADSTICK MANEJADO CON LA BOCA

A los 19 años, Rocky Stoutenburgh (USA) sufrió un accidente que lo dejó tetrapléjico (paralizado de cuello para abajo). Jugando como «RockyNoHands» con un mando accionado con la boca, ha conseguido 15.573 eliminaciones en Battle Royale. Rocky también tiene el récord de **más victorias magistrales con un Quadstick** (1.100). Transmite en directo por Twitch y YouTube y, en 2020, se unió a Luminosity Gaming, siendo el **primer tetrapléjico en formar parte de un equipo profesional de eSports**.

STREAMER MÁS MAYOR (MUJER) DE *FORTNITE* EN TWITCH

Cath Bowie (UK), de 75 años, juega a *Fortnite* hasta 6 h al día y lo transmite en su canal de Twitch «grumpygran1948». A fecha del 16-04-2024, tenía 15.181 seguidores. En su descripción dice que es «tan mala» como cuando empezó hace cinco años. Mientras juega, canta antiguas canciones escocesas como *Ye Cannae Shove Yer Granny Aff a Bus*.

El **streamer más mayor de *Fortnite* en Twitch** es el veterano del ejército de 78 años «grand007pa» (USA), que juega en un PC construido por su nieto.

MÁS PARTICIPANTES EN UNA RUTINA DE EMOTE DE UN VIDEOJUEGO

Unos 383 aficionados a *Fortnite* se dieron cita en la Paris Games Week el 28-10-2018. Vestidos con sudaderas, se transformaron en la «Líder del equipo cariñoso» y reprodujeron emotes clásicos del juego, como Fresh y Hype.

LO MEJOR DEL RESTO...

A fecha del 16-04-2024, el jugador con **más victorias en *Fortnite* (en solitario)** era «TTV R1xbox» (THA), con 14.592; el jugador con **más partidos globales jugados** era «Alien2K18», con 130.899, y el que contaba con **más minutos jugados** era «primesalad» (USA), con 996.149, ¡el equivalente a 691 días enteros jugando!

¡AVISO PARA LOS FANS DE *FORTNITE*!

¿Has acumulado montones de productos promocionales de *Fortnite*? ¡Cuéntanoslo! Tal vez posees el récord de la **mayor colección de objetos de *Fortnite***. Más información en pág. 8.

MAYOR TORNEO DE *FORTNITE*

La Copa Mundial de Fortnite (abajo), celebrada en el estadio Arthur Ashe de Nueva York del 26 al 28 de julio de 2019, alcanzó un pico máximo de audiencia de 2.334.826 espectadores en Twitch y YouTube, el más elevado en una competición de *Fortnite*. También registró el **mayor premio acumulado de un torneo de eSports (en solitario)**, con un magnífico bote de 15.287.500 dólares. (Encontrarás el récord **global** en la pág. 63). La Copa Mundial tenía que volver a celebrarse en 2020, pero la pandemia de la COVID-19 lo impidió. A fecha de abril de 2024, Epic Games no tenía intención de repetirla.

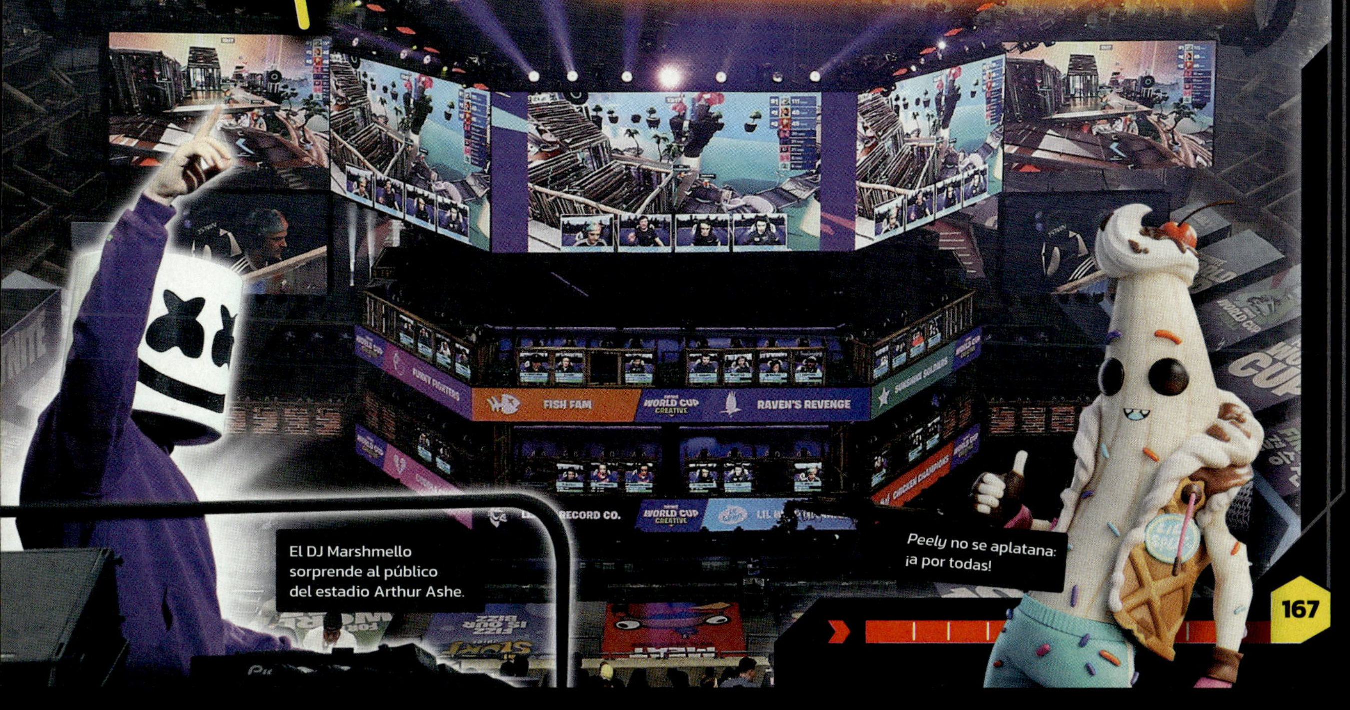

El DJ Marshmello sorprende al público del estadio Arthur Ashe.

Peely no se aplatana: ¡a por todas!

LEGO FORTNITE

APUESTA POR EL LADRILLO

En diciembre de 2023, Epic lanzó *LEGO® Fortnite*. Convertidos en una minifigura de LEGO, los jugadores se adentran en un desafiante mundo nuevo en modo sandbox o supervivencia, tú eliges. Después, solo tienen que ponerse manos a la obra y construir herramientas, edificios, hogueras y mucho más. Además, pueden unirse hasta siete personas más a su juego.

¡Destruir puede ser tan divertido como construir! En *LEGO Fortnite* puedes fabricar dinamita.

A los pollos, las vacas y las ovejas les encanta que los mimen. ¿A los brutos? No tanto.

¡Pwn!

Construye una muralla alrededor del pueblo donde vives. Si no, es muy probable que te invadan los enemigos que andan cerca y atacan de noche. Hazla bien alta para mantener a raya a los fastidiosos brutos.

MAYOR MAQUETA DE UN ARMA DE *FORTNITE* PERSONALIZADA CON PIEZAS DE LEGO

Construida por el diseñador de LEGO y youtuber Kyle L. Neville (alias «ZaziNombies») de Alberta, Canadá, esta réplica a escala de la potente minigun de *Fortnite* mide 140 cm de largo. Se construyó con más de 5.000 piezas de Lego y pesa más de 8 kg. Kyle tardó unas 60 horas (a lo largo de siete días) en construir el colosal fusil de asalto.

La minigun del juego.

MAYOR ESCULTURA DE *FORTNITE* HECHA CON PIEZAS LEGO

¡Menuda llama! Los equipos de constructores de maquetas de LEGO de Enfield (Connecticut, USA), de Kladno (CZE) y de Jiaxing (Zhejiang, CHN) dedicaron 850 horas cada uno en construir llamas de *Fortnite* de 3,6 m de alto en diciembre de 2023. En el juego, la icónica «Llama de suministros» encierra un botín, las gigantescas piezas, no. Aun así, están hechas con 234.323 piezas cada una, por lo que si les dieran con un pico armarían un buen estropicio.

Las llamas han aparecido en varias ciudades de todo el mundo.

2 Personaje de juego más ubicuo

Mario

El icónico fontanero italiano de Nintendo ha aparecido en más videojuegos que cualquier otro personaje a lo largo de los 43 años del juego. A fecha de 05-03-2024, Mario Mario (su nombre completo) había aparecido en 383 títulos, incluidas adaptaciones y remakes. Aunque la mayoría de estas apariciones son en la franquicia *Mario*, también ha hecho cameos en todo tipo de juegos (abajo). Todo empezó con *Donkey Kong* (pág. 172), protagonizado por un sprite de 130 píxeles llamado Jumpman. Más tarde, el diminuto personaje rojo y azul se rebautizó como Mario Segale, un agente inmobiliario que alquiló un almacén a Nintendo en Washington. Mario es tan ubicuo que incluso existe un día dedicado a él: el 10 de marzo (MAR10, ¿lo pillas?). ¡Wahoo!

R N G

7

Cantidad de profesiones oficiales que ha tenido Mario, según Nintendo. Además de fontanero, es médico, piloto de carreras, experto en artes marciales, jugador de baloncesto, futbolista y jugador profesional de béisbol.

XP

Debut: 1981
Juego: *Donkey Kong*
Juegos totales: 383

Más interpretaciones del mismo personaje de videojuego

«¡It's a-me, Mario!». El icónico latiguillo es obra del actor Charles Martinet (USA), que interpretó al fontanero italiano 114 veces entre *Mario's Game Gallery*, de 1995, y *Mario + Rabbids Sparks of Hope*, de 2022. También ha interpretado a Luigi, Wario y Waluigi. Martinet dejó el trabajo en 2023.

Los supercameos de Mario

No contento con encabezar una de las mayores franquicias de entretenimiento, Mario también ha aparecido en muchos otros juegos. Tiró a canasta en *NBA Street V3* de 2005 (arriba) y apareció en *Tetris DS* (2006, derecha). También ha hecho cameos en las series de *Zelda* y de *Kirby*, entre muchas otras.

El más rápido en venderse

El juego de plataformas exclusivo para la Switch *Super Mario Bros. Wonder* vendió 4,3 millones de unidades las dos primeras semanas tras salir a la venta el 20-10-2023. Nintendo aclaró que sus datos se limitan a los títulos lanzados para la Wii y la Nintendo DS en adelante, pero es poco probable que un juego de *Super Mario* lanzado en un soporte anterior se vendiera más deprisa que *Wonder*. También tiene 92 puntos en Metacritic, que no está nada mal.

Corredor de media maratón más veloz disfrazado de un personaje de videojuego

El 03-09-2023, Daniel Titcomb (UK) terminó una media maratón en 1 h, 18 min y 7 s en Londres (UK) disfrazado de Mario.

El récord **femenino** es de 1 h, 35 min y 56,2 s, y lo consiguió Jean Oh (USA) en Toronto, Canadá, el 21-10-2018 vestida de Yoshi, el amigo de Mario.

Más tiempo en pasarse un nivel en *Super Mario Maker*

Super Mario Maker (2015) permite a los jugadores crear y compartir sus propios niveles de Mario. Cuando Braden «ChainChompBraden» Moor (CAN) diseñó *Trials of Death* en enero de 2016, se complicó demasiado la vida. Los creadores debene pasarse su propio nivel antes de compartirlo, lo que obligó a Braden a jugar infinitas veces su creación infernal. No se lo pasó hasta el 30-09-2022, después de 4.368 h de intentos. Por desgracia, los servidores del juego ya estaban cerrados y el nivel nunca se lanzó al público.

Los 10 juegos de *Mario* más vendidos

Con más de 700 millones de ventas, el intrépido fontanero encabeza la **franquicia de videojuegos más vendida.** Estos son los 10 títulos de mayor éxito, con algunos récords de speed-run del año pasado.

1 *Mario Kart 8* [inc. *Deluxe*] (2014/2017)
69,04 millones

Total de speed-runs: 18.572* **Solo Mario Kart 8 Deluxe*

Más rápido	Tiempo	Jugador
48 circuitos, sin objetos	01:46:57,370	«PandaMK8» (JPN)
48 circuitos, con objetos	01:53:33,670	«kusaan» (JPN)
96 circuitos, sin objetos	03:40:33,630	«poulron» (FRA)
96 circuitos, con objetos	03:52:27,080	«poulron» (FRA)

2 *Super Mario Bros.* (1985)
40,24 millones

Total de speed-runs: 8.830

Más rápido	Tiempo	Jugador
Completando en any%	04:54:00,631	«Niftski» (USA)

3 *Mario Kart Wii* (2008)
37,38 millones

4 *New Super Mario Bros.* (2006)
30,80 millones

5 *New Super Mario Bros. Wii* (2009)
30,32 millones

6 *Super Mario Odyssey* (2017)
27,65 millones

7 *New Super Mario Bros. U Deluxe* [inc. *New Super Mario Bros. U* + *New Super Luigi U*] (2012/2013/2019)
26,09 millones

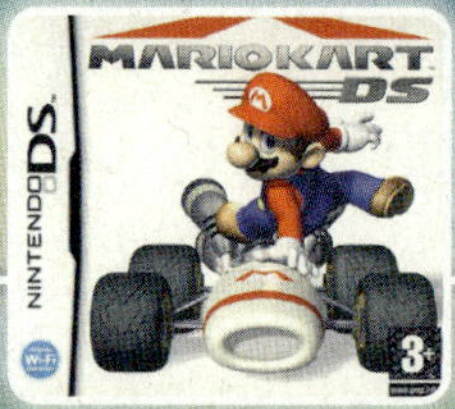

8 *Mario Kart DS* (2005)
23,6 millones

9 *Super Mario World* (1990)
20,61 millones

10 *Super Mario Party* (2018)
20,34 millones

***Super Mario 64* (1996)**
Total de speed-runs: 43.197

Más rápido	Tiempo	Jugador
Recogiendo 120 estrellas	01:36:21	«Weegee» (USA)
Recogiendo 70 estrellas	00:46:28	«ikori_o» (JPN)
Recogiendo 0 estrellas	00:06:16.600	«Suigi» (CAN, arriba)

Los 10 juegos de *Mario* mejor valorados por la crítica

El éxito comercial de la franquicia es equiparable a la valoración de la crítica. Estas clasificaciones se basan en la puntuación de Metacritic a fecha de 11-04-2024, con los tres primeros juegos compartiendo el récord del **juego de plataformas mejor valorado por la crítica.**

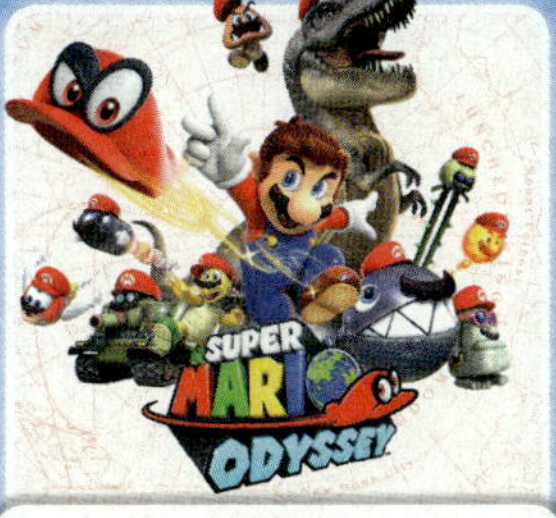

1 — ***Super Mario Odyssey* (2017)** 97

Total de speed-runs: 19.408

Más rápido	Tiempo	Jugador
Completando en any%	00:56:11	«Tyron18» (ITA, arriba)
Completando al 100 %	08:33:57	«heytherecool» (USA)
Paz Mundial	01:11:01	«BusterDoggy_» (USA)

2 — ***Super Mario Galaxy 2* (2010)** 97

3 — ***Super Mario Galaxy* (2007)** 97

4 — ***Super Mario Advance 4: Super Mario Bros. 3.* (2003)** 94

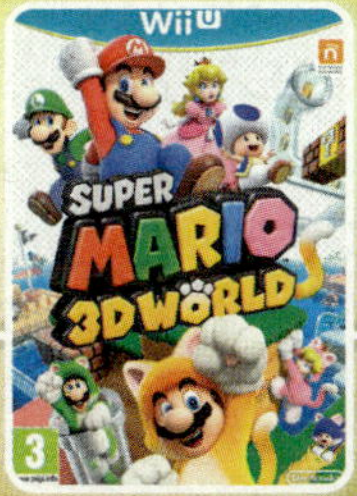

5 — ***Super Mario 3D World* (2013)** 93

6 — ***Mario Kart: Super Circuit* (2001)** 93

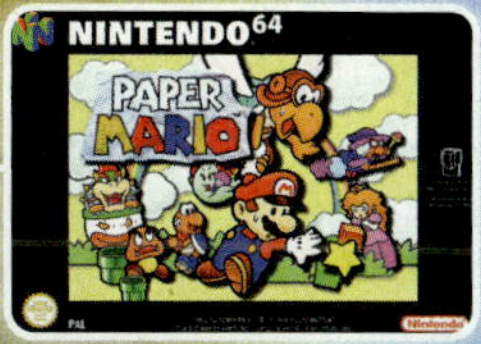

7 — ***Paper Mario* (2000)** 93

8 — ***Super Mario Bros. Wonder* (2023)** 92

9 — ***Mario Kart 8 Deluxe* (2017)** 92

Total de speed-runs: 1.687

Más rápido	Tiempo	Jugador
Completando en any%	01:22:59	«Tsuake» (JPN, arriba)
Completando al 100 %	04:57:55	«Adr1anGD» (USA)

10 — ***Super Mario Sunshine* (2002)** 92

Total de speed-runs: 11.656

Más rápido	Tiempo	Jugador
Completando en any%	01:13:08	«JJsrl» (USA)
Con todas las monedas azules	01:51:15	«Nanashi745» (JPN)

Tiempos de speed-run en horas:minutos:segundos.
Fuente: speedrun.com, a fecha de 22-04-2024.

Selección y orden de los 10 primeros según la cantidad de reseñas.

MARIO VS. DONKEY KONG

Primera aparición de Mario

Las carreras de Mario y su némesis Donkey Kong, con el que termina teniendo una buena amistad, han estado entrelazadas desde su debut conjunto en *Donkey Kong*, en 1981. Por aquel entonces, DK era el protagonista y Mario se llamaba Jumpman. Más de cuatro décadas después, en *Mario vs. Donkey Kong* (2024), Donkey Kong vuelve a las andadas cuando le dicen que un juguete que anhela está agotado. Hay nuevos mundos y gráficos mejorados, pero algunas cosas no cambian para el personaje del bigote: el juego encabezó las listas de ventas tanto en Japón como en el Reino Unido.

Inspirándose en Popeye

En quien primero pensó Shigeru Miyamoto como héroe de su juego fue en Popeye, pero no consiguió el permiso. Sin embargo, el éxito de *Donkey Kong* cambió la situación y Miyamoto recibió el visto bueno para crear su juego con Popeye (un juego de plataformas llamado *Popeye*) en 1982.

Escena del remake de *Mario vs. Donkey Kong* de 2024.

Juego de Luigi más vendido

En 2019, el miedoso hermano de Mario volvió a las andadas para cazar fantasmas en *Luigi's Mansion 3* (Next Level Games). Luigi se abre camino por un hotel encantado llamado el Gran Descanso Real, armado con una aspiradora de fantasmas y ayudado por su inquietante doble, hecho de ectoplasma, «Gomiluigi». A fecha de 31-03-2023, había vendido 13,98 millones de unidades en todo el mundo. Esta cifra también sitúa *Luigi's Mansion 3* entre los 15 juegos más vendidos para la Switch.

Limpieza con la Succionaentes 3000.

En *LM3*, los jugadores se enfrentan a 17 pisos llenos de fantasmas.

Primer juego de Luigi

El hermano de Mario fue el protagonista de *Luigi's Hammer Toss*, un juego integrado en un reloj de pulsera LCD lanzado en 1990 como artículo promocional de McDonalds en Japón y Estados Unidos. Su siguiente papel protagonista fue en el título educativo para PC *Mario Is Missing!* (arriba), realizado bajo licencia por The Software Toolworks en 1993.

1 JUEGO MÁS VENDIDO

XP
Debut: 2011
Desarrollador: Mojang
Distribuidor: Mojang

Minecraft

El fenómeno cultural *Minecraft* encabeza nuestra lista de récords de videojuegos. Lanzado en línea como una demo gratuita en mayo de 2009, ha vendido más de 300 millones de copias en numerosas plataformas. Este sensacional videojuego de tipo sandbox, cuyo objetivo es construir bloques, no sigue una historia preconcebida ni tiene objetivos obligatorios que alcanzar. A pesar de que han pasado tres generaciones de consolas desde el lanzamiento de *Minecraft*, los jugadores siguen volviendo a sus mundos generados aleatoriamente para construir fantásticas estructuras (págs. 178-179) e impresionantes fortalezas, o para pasear por el cambiante paisaje (págs. 176-177). En 2014, Microsoft compró Mojang por 2.500 millones de dólares, ¡una prueba de que el videojuego se había convertido en un éxito de ventas!

LA RED DE *MINECRAFT*

Su éxito no solo se debe a su concepto de sandbox. A lo largo de los años, han surgido varios títulos derivados de la versión inicial de *Minecraft*. En 2015, *Minecraft: Story Mode* utilizó el escenario del juego original para contar una historia interactiva e incorporar Quick Time Events. Las decisiones que tomes en *Story Mode* afectarán tanto al episodio que estés jugando como a los que se produzcan en el futuro. Cinco años más tarde, llegó *Dungeons* (derecha), un juego de acción y aventura entre mazmorras. Por último, está el título de 2023 *Legends* (imagen principal), donde debes fortificar un asentamiento para sobrevivir a una invasión de piglins procedentes del Nether.

MINECRAFT EDUCATIVO

Los profesores utilizan el *Minecraft* en las aulas casi desde su lanzamiento; de hecho, la **primera materia obligatoria dedicada íntegramente a este juego** se llevó a cabo en una escuela sueca en 2013. En 2016, Microsoft lanzó una versión orientada a las escuelas, llamada *Minecraft Education*.

JUGADOR DE *MINECRAFT* QUE MÁS GANA EN YOUTUBE

Preston Arsement (USA) consiguió seguidores en YouTube con una serie de vídeos virales sobre *Minecraft* en su canal, «PrestonPlayz». A fecha de 04-03-2024, tenía 15,4 millones de suscriptores y, según Forbes, unos ingresos netos de 34,6 millones de dólares.

Aquí podemos ver a Preston con su esposa, Brianna, que también es youtuber.

Fallout Mash-Up Pack

Super Mario Mash-Up Pack

Minions x Minecraft

LOS CROSSOVERS DE *MINECRAFT*

Aunque *Minecraft* es más conocido por las creaciones de sus fans, desde 2012 cuenta con crossovers oficiales de videojuegos, películas y televisión en forma de «Skin Packs» descargables (ver aquí). Suelen repartirse como parte de eventos promocionales; por ejemplo, Mario y sus amigos se añadieron con motivo del lanzamiento del juego para la Wii U. Otras de las skins recientes son las versiones en forma de bloques de *Street Fighter* (2022), *Sonic* (2021) y *PAC-MAN* (2020).

Skin Pack de los Simpson.

MÁS ALLÁ DEL HORIZONTE

Cuando cargas un nuevo mundo en *Minecraft*, el paisaje se extiende 30 millones de bloques en cada dirección antes de llegar a la frontera. O eso se supone. En versiones anteriores de *Minecraft* (antes de la actualización 1.8 en septiembre de 2014), los números utilizados para generar el «mundo real» se volvían demasiado grandes para calcularlos a partir de una cierta distancia. Esto creaba un paisaje inusual y lleno de fallos que acabó conociéndose como las «tierras lejanas». La **primera persona en llegar a las tierras lejanas en el modo supervivencia** fue «KilloCrazyMan» (USA), que completó la misión el 19-06-2020 durante un rapidísimo speed-run que le llevó nueve meses.

R N G

12.550.812

Bloques recorridos por el speed-runner de *Minecraft* «KilloCrazyMan» durante su épico viaje a las tierras lejanas (izquierda), el equivalente a 12.550 km.

¡QUE LO SEPAS!

El viajero hacia las tierras lejanas más famoso probablemente sea Kurt J Mac (USA, en la foto), que se embarcó en una peregrinación pixelada para recaudar fondos en marzo de 2011 (pág. sig.). A fecha de abril de 2024, más de 13 años después, sigue caminando, con un 58 % del viaje por completar. Hasta que fue superado por «KilloCrazyMan» (arriba), Kurt ostentaba el título de GWR por haber realizado la **caminata más larga en *Minecraft***, tras cubrir 3.857.848 bloques a fecha de agosto de 2019.

Kurt aceptando su certificado oficial de GWR por la **caminata más larga en *Minecraft***.

Kurt ha tenido compañía durante su maratón, el fiel Wolfie.

«Lo que importa es el viaje, no el destino», afirma Kurt.

MAYOR RECAUDACIÓN EN UNA MARCHA BENÉFICA

Kurt J Mac (USA) de Tacoma (Washington), se ha embarcado en la épica misión de llegar a las tierras lejanas y documenta el viaje en su canal de YouTube «Far Lands or Bust!». A fecha de abril de 2024, había caminado 8.388.608 bloques, realizado casi 1.089 vídeos y retransmisiones en directo, y aumentado su audiencia a más de 400.000 suscriptores. Gracias a sus fieles seguidores, Kurt ha recaudado 478.683,68 dólares para obras benéficas durante su caminata, entre cuyos beneficiarios figuran Child's Play Charity, Direct Relief, PAWS y Equal Justice Initiative.

LOS CONSTRUCTORES SIGUEN CONSTRUYENDO...

En estas páginas ya has leído de todo sobre *Minecraft*, desde récords de ventas hasta jugadores que emprenden misiones épicas. Ahora llegamos a las piezas fundamentales de su éxito: los bloques de construcción. ¡Aunque también cabe destacar a quienes no dejan de asombrarnos con sus creaciones!

«mine67» dijo que tuvo que «volver a aprender a construir».

MAYOR ARTE ANAMÓRFICO DE *MINECRAFT*

El arte anamórfico es una obra que parece «normal» solo desde una perspectiva, como ocurre con *Urban Buildings* de «mine67». A la izquierda, la calle de una ciudad; abajo, una vista lateral. Se ha creado en varias capas, colocadas perfectamente para que se alineen y así produzcan la ilusión. El francés dedicó a su obra de arte por lo menos 1.000 h, y, desde que empezó en 2022, ha hecho 15.000 capturas de pantalla. «Progresé a base de prueba y error», afirmó.

R N G

850.246

Número de bloques utilizados para hacer el **túnel más largo hecho en el modo creativo de *Minecraft***, conseguido por Samuel «beyond belief» Blight (UK) en Londres el 10-01-2024.

FRASE MÁS LARGA DE *MINECRAFT*

El 14-10-2022, Benjamin Elcoate, alias «Benjamin E» (UK), usó 128.358 bloques para crear esta cita del científico Alexander Graham Bell. Construyó esta frase de 124 caracteres con letras de 80 bloques de altura. Como cada bloque de *Minecraft* mide un metro cúbico, cada letra tendría seis veces la altura del cartel de Hollywood. El tipógrafo que Benjamin lleva dentro dijo estar «muy orgulloso de las G y las W» de su gigantesca creación.

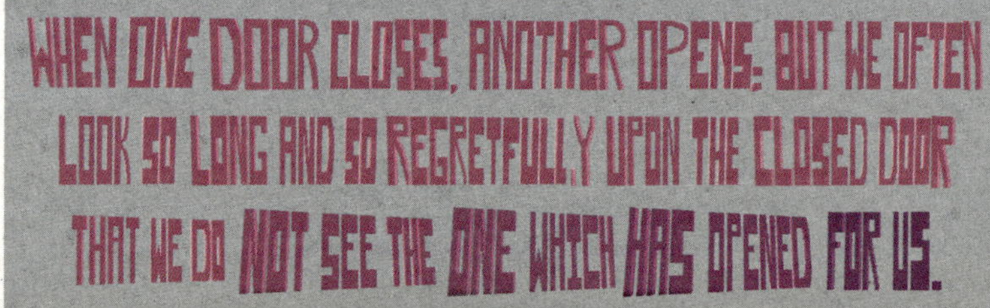

DIORAMA DE LEGO® *MINECRAFT* MÁS GRANDE

Esta fantástica ciudad en 3D, que tenía una extensión de 17,13 m², se exhibió en el Brick 2014, celebrado en Londres. Los visitantes de la exposición pudieron participar en este proyecto realizando sus construcciones en tableros cuadrados. Cuando se ensamblaron todos ellos en una sola pieza, esta medía 8,83 m de largo y 1,87 m de ancho en su parte más ancha.

RÉCORDS DE *MINECRAFT* PARA INTENTAR EN CASA

Aquí te indicamos qué debes hacer y qué no para intentar batir estos seis retos de *Minecraft*. Escanea el código QR para ver los retos, las normas oficiales detalladas y las instrucciones para registrar tu solicitud. ¡Disfruta construyendo!

Voltear un cerdo

Este es un récord especial para nuestros lectores menores de 16 años. Utiliza un dispositivo con control táctil, como una tableta o un teléfono. Para darle la vuelta al cerdo, hay que usar una etiqueta para nombres «Dinnerbone», de efecto inusual. Cuando el cerdo esté boca abajo, misión cumplida.

Construir un castillo

Reúne tus objetos en nuestros retos de construcción. Tu castillo debe tener cuatro paredes, cuatro torres con almenas, una entrada con una compuerta de rejas, un foso con agua y un puente de madera. El reloj se detiene cuando colocas un estandarte de color en la parte superior y tomas posesión del castillo.

Construir una casa

Tu casa debe cubrir al menos un espacio de 4x4 bloques. Puedes hacerla tan grande como quieras, aunque tardarás más tiempo. Asegúrate de dejar huecos para la puerta y una ventana. La casa de arriba no está terminada; necesita un tejado inclinado. Cuando rodees caminando tu creación, el reloj se detendrá.

Construir un gólem de hierro

Para crear un gólem, tendrás que colocar cuatro bloques de hierro en forma de «T» y luego poner encima una calabaza tallada. Eso sí: tienes que empezar con solo 64 piezas de mineral de hierro. Todo lo demás, incluidas las tijeras que necesitarás para tallar la calabaza, debes fabricarlo desde cero.

Hacer y comer 3 tartas

Reúne los ingredientes: leche, azúcar, huevo y trigo. Debes crear y engullir la primera tarta (los seis trozos) antes de poder poner los ingredientes de la siguiente en el bol. ¡No está permitido hacer autocrafting! Esperamos que la elaboración y el horneado de las tartas te hayan abierto el apetito.

Steve de *Minecraft* más grande hecho con piezas de LEGO

Puedes intentar batir el récord en solitario o en equipo con tus amigos. En primer lugar, asegúrate de que tu figura se parece a Steve. Puedes añadirle una espada, un pico u otro accesorio de *Minecraft*. Envíanos fotos y vídeos que muestren sus dimensiones. ¡Y después, cruza los dedos!

RESUMEN

¡Última hora! Aún no hemos terminado. Aquí tienes los récords más recientes que hemos añadido a nuestra base de datos, confirmados por nuestros expertos adjudicadores justo antes de que el *GWR Gamer's Edition 2025* entrase en imprenta.

Mayor captura de pokémons variocolor

Los organizadores Jack Taylor (UK) y Naomi Finnegan (IRL) reunieron a 172 personas de todo el mundo los días 16 y 17 de septiembre de 2022 para una búsqueda de pokémons variocolor retransmitida en directo. También organizaron la **mayor captura de versiones de pokémons variocolor en 24 h por una comunidad en línea** (588).

«Dryang101» «AsylixTheGreat»

Racha de victorias más larga como dúo en *Fall Guys*

El 27-03-32024, los jugadores profesionales estadounidenses de *Fall Guys* (Mediatonic, 2020) «AsylixTheGreat» y «Dryang101» completaron una impresionante serie de 76 victorias consecutivas. El dúo necesitó tres meses de duro trabajo para batir el anterior récord mundial de 68.

R N G

01:05:15

Más **rapidez en completar sin glitches *The Elder Scrolls V: Skyrim*** (Bethesda, 2011), por «Lithium_L» (JPN) el 24-04-2024.

Consola portátil más pequeña

Descrita por sus fabricantes, Tiny Circuits (USA), como un «sistema de juego muy pequeñito», la Thumby mide 29,5 x 18 x 8,5 mm y tiene 2 MB de almacenamiento. Viene con juegos preinstalados, pero permite descargar otros. Pon a prueba tus habilidades con el juego de ritmo *Dance!*, el de conducción *Tiny Traffic* y el de obstáculos *Maze Speedrun*.

TAMAÑO REAL

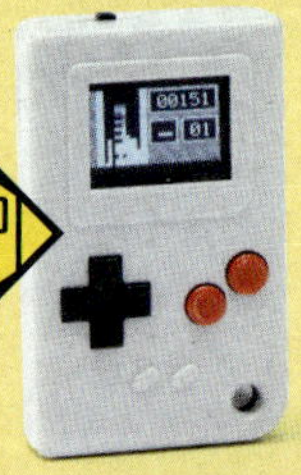

Máxima puntuación en *Tetris* de la NES (hackeo de ROM)

El 15-04-2024, Alex «Alex T» Thach (USA) registró una puntuación máxima de 16.700.760 en el juego clásico de la NES. Aunque esta cifra es muy superior a los 8.952.432 puntos de «P1xelAndy» (pág. 143), «Alex T» alcanzó su récord hackeando la ROM para evitar la pantalla de la muerte, lo que permite a los jugadores seguir acumulando más puntos. En consonancia con la opinión general de la comunidad de*Tetris*, Guinness World Records considera que esta versión «sin pantalla de la muerte» es una subcategoría válida del récord.

Más rapidez en completar *Super Mario 64* con 120 estrellas

«Weegee» (USA) completó *Super Mario 64* (Nintendo, 1996) en 1 h, 36 min y 21 s el 16-01-2024, según speedrun.com. Utilizó un truco llamado Carpetless («sin alfombra»), recientemente descubierto, que permite saltarse una sección del nivel «Rainbow Ride» en el que Mario debe montarse en una lenta alfombra voladora para llegar a lo alto del nivel.

Mayor colección de expositores

Travis Alfrey (derecha), de Austin, Texas, tiene una colección de 100 expositores de videojuegos. Estas máquinas promocionales se colocaban en las tiendas para dar a conocer las últimas consolas. «Los expositores se han convertido en un fenómeno cultural —afirma Travis—, y son tan reconocibles, importantes e icónicos como las propias consolas.»

Mayor puntuación en el minijuego *Stratagem Hero* de *HELLDIVERS 2*

Con 13.059.604 puntos, Mellody Zanin (USA) se convirtió en la primera jugadora en superar los 10 millones de puntos en el minijuego *Stratagem Hero* del shooter en tercera persona *HELLDIVERS 2* (Arrowhead Game Studios, 2024). Durante casi seis horas seguidas, mientras sus amigos la animaban por el chat de voz, Mellody introdujo indicaciones memorizadas hasta que consiguió la victoria final. ¡Eso sí que es dedicación!

ÍNDICE

Las entradas en **negrita** corresponden a nuestro top 100.

JUEGOS CITADOS

En *Guinness World Records Gamer's Edition 2025* se mencionan un total de 432 videojuegos.

Actua Soccer Gremlin Interactive, 1995
Adopt Me! Uplift Games, 2017
Adventure Atari, 1980
Air-Sea Battle Atari, 1977
Alan Wake II Remedy Entertainment, 2023
Among Us Innersloth, 2018
Angry Birds Rovio Entertainment, 2009
Animal Crossing: New Horizons Nintendo, 2020
Anthology of the Killer Thecatamites, 2024
Asgard's Wrath 2 Sanzaru Games, 2023
Assassin's Creed II Ubisoft Montreal, 2009
Assassin's Creed Valhalla Ubisoft Montreal, 2022
Assassins Creed Valhalla: El Amanecer de Ragnarök Ubisoft Montreal, 2022
Assetto Corsa Kunos Simulazioni, 2014
Asteroids Atari, 1979
Astro's Playroom Japan Studio, 2020
Atomic Heart Mundfish, 2023

Baldur's Gate 3 Larian Studios, 2023
Basic Math Atari, 1977
Basketball! Magnavox, 1973
Batman: Arkham Asylum Rocksteady Studios, 2009
Batman: Arkham City Rocksteady Studios, 2011
Batman: The Telltale Series Telltale Games, 2016
Battlefield V DICE, 2018
Black Jack Atari, 1977
Bloodborne FromSoftware, 2015
Bloodstained: Ritual of the Night ArtPlay, 2019
Breakout Atari, 1976
Brookhaven RP Wolfpaq, 2020

Call of Duty Infinity Ward, 2003
Call of Duty 2 Infinity Ward, 2005
Call of Duty 3 Treyarch, 2006
Call of Duty 4: Modern Warfare Infinity Ward, 2007
Call of Duty: Advanced Warfare Sledgehammer Games, 2014
Call of Duty: Black Ops Treyarch, 2010
Call of Duty: Black Ops 4 Treyarch, 2018
Call of Duty: Black Ops II Treyarch, 2012
Call of Duty: Black Ops III Treyarch, 2015
Call of Duty: Black Ops Cold War Treyarch/Raven Software, 2020
Call of Duty: Black Ops: Declassified nStigate Games, 2012
Call of Duty: Black Ops - Zombies Ideaworks, 2011
Call of Duty: Ghosts Infinity Ward, 2013
Call of Duty: Infinite Warfare Infinity Ward, 2016
Call of Duty: Mobile TiMi Studio Group, 2019
Call of Duty: Modern Warfare Infinity Ward, 2019
Call of Duty: Modern Warfare 2 Infinity Ward, 2009
Call of Duty: Modern Warfare 3 Infinity Ward/Sledgehammer Games, 2011
Call of Duty: Modern Warfare II Infinity Ward, 2022
Call of Duty: Modern Warfare III Sledgehammer Games, 2023
Call of Duty: Vanguard Sledgehammer Games, 2021
Call of Duty: Warzone Raven Software/Infinity Ward, 2020
Call of Duty: Warzone Mobile Activision, 2024
Call of Duty: World at War Treyarch, 2008
Call of Duty: WW II Sledgehamer Games, 2017
Candy Crush Saga King, 2012
Capcom vs. SNK 2: Mark of the Millennium 2001 Capcom, 2001
Centipede Atari, 1981
Chrono Trigger Square, 1995
Chú Mó Chú Mó Team, 2023
Club Penguin New Horizon Interactive, 2005
Cocoon Geometric Interactive, 2023
Combat Atari, 1977
Conqueror's Blade Blooming Tech, 2019
Counter-Strike 2 Valve, 2023
Counter-Strike: Global Offensive Valve, 2012
Crash Bandicoot Naughty Dog, 1996
Crazyracing Kartrider Nexon, 2004
Crossfire Smilegate Entertainment, 2007
Cryptmaster Paul Hart/Lee Williams/Akupara Games, 2024
Cuphead Studio MDHR, 2017
Cyberpunk 2077 CD Projekt Red, 2020
Cyberpunk 2077: Phantom Liberty CD Projekt Red, 2023

Dark Age of Camelot Mythic Entertainment, 2001
Dave the Diver Mintrocket, 2023
Deltarune Toby Fox, 2018
Diablo III Blizzard, 2012
Diablo IV Blizzard, 2023
Digimon Bandai, 1998-2022
Dishonored Arkane Studios, 2012
Donkey Kong Nintendo, 1981
DOOM id Software, 2016
Dota 2 Valve, 2013
Dr. Mario Nintendo, 1990
Dragon Ball varios, 1986
Dragon Nest Eyedentity Games, 2010
Driver Reflections Interactive, 1999
Dungeon Fighter Online Neople, 2005

EA Sports FC 24 EA Sports, 2023
eFootball 2024 Konami, 2023
Eiyuden Chronicle: Hundred Heroes Rabbit and Bear Studios, 2024
Elden Ring FromSoftware, 2022
The Elder Scrolls Bethesda, 1994
The Elder Scrolls V: Skyrim Bethesda, 2011
The Elder Scrolls: Daggerfall Bethesda, 1996
Elite David Braben/Ian Bell, 1984
EVE: War for New Eden Titan Forge, 2024
EVE Online CCP Games, 2003

Fable Big Blue Box Studios, 2004
Fallout Interplay Productions, 1997
Fallout 4 Bethesda, 2015
Fantasy Westward Journey NetEase Games, 2001
FIFA 16 EA, 2015
FIFA 18 EA, 2017
FIFA 22 EA, 2021
FIFA 23 EA, 2022
FIFA International Soccer EA, 1993
Final Fantasy Square Enix, 1987-2024
Final Fantasy VII Rebirth Square Enix, 2024
Final Fantasy VII Remake Square Enix, 2020
Final Fantasy VIII Square, 1999
Final Fantasy X Square, 2001
Final Fantasy XIV: Endwalker Square Enix, 2021
Final Fantasy XIV: Shadowbringers Square Enix, 2019
Final Fantasy XIV: Stormblood Square Enix, 2017
Final Fantasy XVI Square Enix, 2023
Five Nights at Freddy's Scott Cawthon, 2014
Flight Simulator II Sublogic, 1983
Football Manager Sports Interactive, 2005
Football Manager 2010 Sports Interactive, 2009
Football Manager 2018 Sports Interactive, 2017
Football Manager 2024 Sports Interactive, 2023
Fortnite Epic Games, 2017
Fortnite Battle Royale Epic Games, 2017
Fortnite Festival Harmonix, 2023
Forza Horizon 3 Playground Games, 2016
Forza Horizon 5 Playground Games, 2021
Fruit Ninja Halfbrick Studios, 2010
FS1 Flight Simulator Sublogic, 1979

Galaxian Namco, 1979
Garry's Mod Facepunch Studios, 2006
Gears of War Epic Games, 2006
Ghost of Tsushima Sucker Punch Productions, 2020
GKART/QQ Speed TiMi Studio Group, 2010
God of War Santa Monica Studio, 2005
God of War Ragnarök Santa Monica Studio, 2022
Golden Axe Sega, 1989
GoldenEye 007 Rare, 1997
Gran Turismo, Polyphony Digital, 1997
Gran Turismo 4 Polyphony Digital, 2004
Gran Turismo 7 Polyphony Digital, 2022
Gran Turismo Sport Polyphony, 2017
Grand Theft Auto DMA, 1997
Grand Theft Auto III DMA, 2001
Grand Theft Auto IV Rockstar, 2008
Grand Theft Auto V Rockstar, 2013
Grand Theft Auto VI Rockstar, 2023
Grand Theft Auto: San Andreas Rockstar, 2004
Grand Theft Auto: Vice City, 2002
Guild Wars 2 ArenaNet, 2012
Guitar Hero III: Legends of Rock Neversoft, 2007
Gyromite Nintendo, 1985

Habitat LucasArts, 1986
Half-Life 2 Valve, 2004
Halo Bungie, 2001
Halo 4 343 Industries, 2012
Harry Potter: Eleva la magia NetEase Games, 2021
Harry Potter y el prisionero de Azkaban KnowWonder, 2004
Harry Potter y la cámara secreta EA, 2002
Haunted House Atari, 2022
Healthy Food Challenge Simar Khurana, 2023
Heavyweight Champ Sega, 1976
HELLDIVERS II Arrowhead Game Studios, 2024
Hi-Fi Rush Tango Gameworks, 2023
Hogwarts Legacy Avalanche Software, 2023
Hollow Knight Team Cherry, 2017
Homeworld Relic Entertainment, 1999
Honkai: Star Rail miHoYo, 2023
Honor of Kings TiMi Studio Group, 2015
Horizon Call of the Mountain Guerrilla/Firesprite, 2023
Horizon Forbidden West Guerrilla Games, 2022
Horizon Zero Dawn Guerrilla Games, 2017
Hot Wheels Unleashed Milestone, 2021

Indy 500 Atari, 1977
inFAMOUS: Second Son Sucker Punch Productions, 2014
Injustice 2 NetherRealm Studios, 2017
Injustice 2: Legendary Edition NetherRealm Studios, 2018
International Superstar Soccer Konami, 1994

Jack in the Dark Infogames, 1993
Jet Set Radio Smilebit, 2000
Jetpack Joyride Halfbrick Studios, 2011
Just Dance 2015 Ubisoft, 2014
Just Dance 2017 Ubisoft, 2016
Just Dance 2019 Ubisoft, 2018
Just Dance 2024 Edition Ubisoft, 2023

Kick Off Dino Dini, 1989
Kingdom Hearts Square, 2002
Kirby: Planet Robobot HAL Laboratory, 2016

Labyrinthine Valko Game Studios, 2023
Lara Croft: Tomb Raider Core Design, 1996
The Last of Us Naughty Dog, 2013
The Last of Us Part I Naughty Dog, 2022
The Last of Us Part II Naughty Dog, 2020
League of Legends Riot Games, 2009

The Legend of Zelda Nintendo, 1986
The Legend of Zelda: A Link Between Worlds Nintendo, 2013
The Legend of Zelda: A Link to the Past Nintendo, 1991
The Legend of Zelda: Breath of the Wild Nintendo, 2017
The Legend of Zelda: Four Swords Adventures Nintendo, 2004
The Legend of Zelda: Link's Awakening Nintendo, 1993
The Legend of Zelda: Majora's Mask Nintendo, 2000
The Legend of Zelda: Ocarina of Time Nintendo, 1998
The Legend of Zelda: Oracle of Seasons/Oracle of Ages Flagship, 2001
The Legend of Zelda: Phantom Hourglass Nintendo, 2007
The Legend of Zelda: Skyward Sword Nintendo, 2011
The Legend of Zelda: Spirit Tracks Nintendo, 2009
The Legend of Zelda: Tears of the Kingdom Nintendo, 2023
The Legend of Zelda: The Minish Cap Capcom/Flagship, 2004
The Legend of Zelda: The Wind Waker Nintendo, 2002
The Legend of Zelda: Tri Force Heroes Nintendo, 2015
The Legend of Zelda: Twilight Princess Nintendo, 2006
LEGO Fortnite Epic Games, 2023
LEGO Harry Potter: Años 1-4 Traveller's Tales, 2010
LEGO Harry Potter: Años 5-7 Traveller's Tales, 2011
LEGO Star Wars: El despertar de la Fuerza TT Fusion, 2016
Lethal Company Zeekerss, 2023
Lost Ark Smilegate/Tripod Studio, 2019
Luigi's Hammer Toss Nintendo, 1990
Luigi's Mansion 3 Next Level Games, 2019

MapleStory Wizet, 2003
Mario is Missing! Software Toolworks, 1993
Mario Kart: Super Circuit Intelligent Systems, 2001
Mario Kart 8 Nintendo, 2014
Mario Kart 8 Deluxe Nintendo, 2017
Mario Kart DS Nintendo, 2005
Mario Kart Wii Nintendo, 2008
Mario + Rabbids Sparks of Hope Ubisoft, 2022
Mario vs. Donkey Kong Nintendo, 2004
Mario's Game Gallery Presage Software, 1995
Marvel's Spider-Man Insomniac Games, 2018
Marvel's Spider-Man 2 Insomniac Games, 2023
Marvel's Spider-Man: Miles Morales Insomniac Games, 2020
Marvel's Spider-Man Remastered Insomniac Games, 2022
Mediterranea Inferno Eyeguys/Lorenzo Redaelli, 2023
MeepCity Alex Binello, 2016
Metal Gear Konami, 1987
Metal Gear Solid 2: Sons of Liberty Konami, 2001
Microsoft Flight Simulator Sublogic, 1982
Midnight Club Rockstar, 2000
Minecraft Mojang Studios, 2011
Minecraft Education Mojang Studios, 2016
Minecraft Legends Mojang Studios, 2023
Minecraft: Story Mode Telltale Games, 2015
Mini World Miniplay Inc, 2017
Miraculous RP: Ladybug & Cat Noir Toya/ZAG Games, 2021
Missile Command Atari, 1980
Mobile Legends: Bang Bang Moonton, 2016
Monster Hunter Freedom Unite Capcom, 2008
Monster Hunter Rise Capcom, 2021
Mortal Kombat Midway, 1992
Mortal Kombat 1 NetherRealm Studios, 2023
Moss Polyarc, 2018
My Talking Tom Outfit7, 2013

Narutimetto Akuseru 2 Bandai, 2007
NASL Soccer Mattel, 1980
NBA 2K20 Visual Concepts, 2019
NBA Street V3 EA, 2005
Need for Speed: Most Wanted EA, 2005
Need for Speed/NFS Unbound EA, 2005
Neo Breakout Atari, 2022
New Super Mario Bros. Nintendo, 2006
New Super Mario Bros. U Deluxe Nintendo, 2019
New Super Mario Bros. Wii Nintendo, 2009
New World Amazon Games, 2021
Nickelodeon All-Star Brawl Ludosity/Fair Play Labs, 2021
NieR: Automata Platinum Games, 2017
No Man's Sky Hello Games, 2016

Octopus Thomas Tilley, 2017
Once Upon a Jester Bonte Avond, 2022
The Oregon Trail various, 1971
The Oregon Trail: Boom Town Tilting Point, 2023
Overwatch Blizzard, 2016

PAC-MAN Namco, 1980
Palworld Pocket Pair, 2024
Paper Mario Intelligent Systems, 2000
Pelé's Soccer Atari, 1981
Persona 5 P-Studio, 2016
Persona 5 Royal Atlus, 2019
Phonopolis Amanita Design, 2023
Pillars of Eternity Obsidian Entertainment, 2015
Pin Bot Nintendo, 1990
PlanetSide 2 Rogue Planet Games, 2022
Pokémon 38, 60, 118, 125, 152–155
Pokémon Azul Game Freak, 1996
Pokémon Cristal Game Freak, 2000
Pokémon Diamante Game Freak, 2006
Pokémon Escarlata Game Freak, 2022
Pokémon Escudo Game Freak, 2019
Pokémon Esmeralda Game Freak, 2004
Pokémon GO Niantic, 2016
Pokémon Oro Game Freak, 1999
Pokémon Perla Game Freak, 2006
Pokémon Plata Game Freak, 1999
Pokémon Platino Game Freak, 2008
Pokémon Púrpura Game Freak, 2022
Pokémon Rojo Game Freak, 1996
Pokémon Rubí Game Freak, 2002
Pokémon Verde Game Freak, 1996
Pokémon Zafiro Game Freak, 2002
Pong Atari, 1972
Popeye Nintendo, 1982
Pro Evolution Soccer Konami, 2001
Pro Soccer Evolution 3 Konami, 2003
Psychonauts Double Fine Productions, 2005
PUBG: Battlegrounds PUBG Studios, 2017
PUBG Mobile Lightspeed & Quantum Studios, 2018

Quadratank Atari, 2022
Quake id Software, 1996

Rage id Software, 2011
RAM: Random Access Mayhem Xylem Studios, 2023
Rec Room Rec Room, 2016
Red Dead Redemption Rockstar, 2010
Red Dead Redemption 2 Rockstar, 2018
Resident Evil Capcom, 1996
Resident Evil 4 Capcom, 2005
Resident Evil: Ultratumba Capcom, 2010
Resident Evil - Code: Veronica Capcom, 2000
Rhythm Doctor 7th Beat Games, 2021
Roblox Roblox Corporation, 2006
Rock Band Harmonix, 2007
Rock Band 4 Harmonix, 2015
Rocket League Psyonix, 2015
Rocket Racing Psyonix, 2023
Rules of Survival NetEase Games, 2018
RuneScape Jagex, 2001

The Sandbox Pixowl, 2012
Sea of Stars Sabotage Studios, 2023
Second Life Linden Lab, 2003
Sensible Soccer Sensible Software, 1992
Sensible World of Soccer Sensible Software, 2007
Shenmue III Deep Silver, 2019
Sifu Sloclap, 2022
Silent Hill Konami, 1999
Silk ihobo, 2019
SimCity Maxis, 1989
Sims, Los Maxis, 2000
Sims 4, Los Maxis, 2014
Sky Skipper Nintendo, 1981
Skylanders varios, 2011
Sonic the Hedgehog Sonic Team, 1991
Sonic the Hedgehog 2 Sega Technical Institute, 1992
Sonic Mania various, 2017
Sonic Origins Sonic Team, 2022
Sonic Speed Simulator Gamefam Studios, 2022
Sonic Superstars Arzest/Sonic Team, 2023
Sons of the Forest Endnight Games, 2024
SoulCalibur Bandai Namco, 1998
Space Invaders Taito, 1978
Spacewar! Steve Russell, 1962
Spider-Man 2 Insomniac Games, 2023
Spider-Man Total Mayhem Gameloft, 2010
SpongeBob SquarePants: Battle for Bikini Bottom - Rehydrated Purple Lamp Studios, 2020
Spyro Insomniac Games, 1998
Star Wars: Caballeros de la Antigua República LucasArts, 2003
Star Wars: El despertar de la Fuerza TT Fusion, 2016
Star Wars: La saga Skywalker Traveller's Tales, 2022
StarCraft Blizzard, 1998
StarCraft II Blizzard, 2010
StarCraft II: Wings of Liberty Blizzard, 2010
StarCraft: Brood War Saffire/Blizzard, 1998
StarCraft: Remastered Blizzard, 2017
Stardew Valley ConcernedApe, 2016
Starfield Bethesda, 2023
State of Decay 2 Undead Labs, 2018
Street Fighter Capcom, 1987
Street Fighter 6 Capcom, 2023
Street Fighter 30th Anniversary Collection Digital Eclipse, 2018
Street Fighter II Capcom, 1992
Street Fighter II Turbo Capcom, 1993
Street Fighter IV Capcom y Dimps, 2009
Street Fighter V Capcom y Dimps, 2016
Subway Surfers Kiloo/SYBO Games, 2012
Super Mario 3D World Nintendo, 2013
Super Mario 64 Nintendo, 1996
Super Mario Advance 4 Nintendo, 2003
Super Mario Bros. Nintendo, 1985
Super Mario Bros. 3 Nintendo, 1988
Super Mario Bros. Wonder, Nintendo, 2023
Super Mario Galaxy Nintendo, 2007
Super Mario Galaxy 2 Nintendo, 2010
Super Mario Bros. Nintendo, 1992
Super Mario Maker Nintendo, 2015
Super Mario Odyssey Nintendo, 2017
Super Mario Party ND Cube, 2018
Super Mario Sunshine Nintendo, 2002
Super Mario World Nintendo, 1990
Super Metroid Nintendo, 1994
Super Smash Bros. HAL Laboratory, 1999
Super Smash Bros. Brawl Sora/Game Arts, 2008
Super Smash Bros. Ultimate Bandai Namco/Sora, 2018
Super Street Fighter II Capcom, 1994
Super Street Fighter II: The New Challengers Capcom, 1993
Super Castlevania IV Konami, 1991
Swordquest: AirWorld Atari, 2022

Tehkan World Cup Tehkan, 1985
Tekken Namco, 1994
Tekken 5 Namco, 2005
Temple Run Imangi Studios, 2011
Terraria Re-Logic, 2011
Tetris Alexey Pajitnov, 1984
Tetris Beat N3TWORK, 2021
Tetris DS Nintendo, 2006
Tetris Effect Monsters/Resonair, 2019

Tetris Party Deluxe Blue Planet Software, 2010
Tom Clancy's Rainbow Six Siege Ubisoft, 2015
Torment: Tides of Numenera inXile Entertainment, 2017
Toss-Up Nintendo, 1980
Tower of Hell YXCeptional Studios, 2024

Ultima Online Origin Systems, 1997
Ultra Street Fighter IV Capcom, 2014
Uncharted 3: La traición de Drake Naughty Dog, 2011
Uncharted 4: El desenlace del ladrón Naughty Dog, 2016
Undertale Toby Fox, 2015

Valheim Iron Gate Studio, 2021
Valorant Riot Games, 2020
VCTR-SCTR Atari, 2022
Venba Visai Games, 2023
Video Olympics Atari, 1977
Viewfinder Sad Owl Studios, 2023
Virtua Striker Sega, 1994

What the Car? Triband, 2024
Wii Sports Nintendo, 2006
The Witcher 3: Wild Hunt CD Prokekt Red, 2015
The Witcher 3: Wild Hunt: Blood and Wine CD Projekt Red, 2016
Wolfenstein Raven Software, 2009
World Soccer Winning Eleven 7 International KCET/Konami, 2004
World of Warcraft Blizzard, 2004
World of Warcraft: Dragonflight Blizzard, 2022
World of Warcraft: Shadowlands Blizzard, 2023

Yars' Revenge Enhanced Atari, 2022

Zelda II: The Adventure of Link Nintendo, 1987

AGRADECIMIENTOS

Guinness World Records desea expresar su agradecimiento por la ayuda prestada en la realización de *Gamer's Edition 2025* a:

Laura Adkins (AWR Music), Rob Barefoot (R. Talsorian Games), Claire Beard (KAP Toys), Jason Blagman (Rotten Tomatoes), David Bull (Crystal Dynamics), Madelyn Burr (JSA+Partners), Michael Cisneros (Sega of America, Inc.), Ellen Clark (The Walt Disney Company), Vince Clemente (Campeonato Mundial de Tetris Clásico), Hannah Cook (Nintendo), Jeff Cork (Games Done Quick), Dana Cowley (Epic Games), Tom Goldberger (Square Enix), Tadeja Irmančnik (Outfit7), Sarah Jones (Epic Games), Daria R Licausi (Mattel, Inc.), Michael Moccio (Innersloth), Stephanie Ngo (Nvidia), Dylan Quintero (The Walt Disney Company), Adrian Page-Mitchell (Computing History.org), Massimo Petrozzi (Computer History Museum), Shane Rhinewald (Museum of Play), Whitney Smith (AssemblyInc), Team Blue Scuti, Victoria Tran (Innersloth), Patrick Walker (Mattel, Inc.), Luke Wakeham, Ariel West (Riot Games), Colette Vignocchi (Zebra Partners).

Constructores de LEGO: Frederick Lazell, Thomas Waugh, James Waugh, Grace Wild, Sam Wild, Theodore Maskell, Juliet Dawson, William Sinden, Henry Jones, Catherine Pearce, Caitlin Hyem.

CRÉDITOS DE LAS IMÁGENES

Cubierta Kiloo & SYBO, Nintendo, Avalanche Software, Innersloth, Sega, Capcom, Epic Games, Namco; **6** Ian Bowkett/GWR; **8** James Ellerker/GWR, Paul Michael Hughes/GWR, Ryan Schude/GWR; **9** Paul Michael Hughes/GWR, Kevin Scott Ramos/GWR; **17** Ross Johnston/Newsline Media, Alamy, HyperX Gaming, Getty Images; **18** James Stephens; **19** Kevin Scott Ramos/GWR; **20** G2 Esports; **22** Getty Images; **24** Alamy/Universal Pictures; **25** David Stachel/Atmospheria, Getty Images; **26** ikemenzi; **27** Dale Tidy/Red Bull Content Pool; **31** Paul Michael Hughes/GWR, Shutterstock; **33** Ben MacMahon/GWR; **34** Getty Images; **35** Getty Images, Alamy; **36** Paul Michael Hughes/GWR; **37** Paul Michael Hughes/GWR; **38** Nicola Stocchi («SerialBuilder_»), Bricker Builds, «MasterbuilderKTC»; **39** «AndeeWow»/LEGO Ideas, Eric Druon/«BaronSat», «GoofySwan099»/LEGO Ideas, «BrickRealm101», «RichboyJhae»; **44** Alamy/Nintendo, Getty Images, Shutterstock; **45** Shutterstock; **46** Alamy/Microsoft; **47** Alamy/Colombia Pictures, Richard Bradbury/GWR, TR25s; **49** Adrian Page-Mitchell/The Centre for Computing History; **51** Alamy, Shutterstock; **54** Alamy/Nintendo, The Centre for Computing History; **55** Alamy/EON Productions Limited, MGM; **57** Getty Images, Alamy/HBO, Shutterstock; **58** Getty Images; **59** Alamy/Sony Pictures, Constantin Film; **62** Alex Llopis Milà, Abraham Limpo Martinez, Rob Roberts/Orange Lounge Radio; **63** Elias Gammelgard/Red Bull Content Pool, Valve Corporation/Red Bull Content Pool; **64** Alamy, Helena Kristiansson; **65** Corey «ateatree» Schon; **67** Ranald Mackechnie/GWR; **68** Alamy/Nintendo, Illumination Entertainment & Universal Pictures, Alamy/Universal Pictures, Constantin Film, Alamy/Blumhouse Productions, Striker Entertainment, Alamy/Paramount Pictures y Sega of America, Alamy/Sony Pictures, Alamy/Warner Bros. Pictures; **69** Alamy/Universal Pictures, Alamy/Buena Vista Pictures Distribution, Alamy, Freepik, Rotten Tomatoes, Shutterstock; **71** JJ Hendricks, Steven Lucas; **74** The Strong National Museum of Play; **77** Innersloth, Tavian S. Herrera, Laura Munley, KAP Toys; **78** Getty Images, AOC/Twitch, Alamy; **79** Mp16; **82** Outfit7; **83** AGameScout; **86** Computer History Museum, California; **87** Nvidia; **88** Garry Newman; **89** Colin Young-Wolff/Riot Games, Innersloth; **90** Getty Images, Ranald Mackechnie/GWR; **91** Shutterstock; **92** Alamy; **93** Shutterstock/Atari; **94** Kevin Scott Ramos/GWR; **101** Alamy; **104** Kevin Scott Ramos/GWR, Shutterstock; **106** Getty Images; **108** Alamy; **109** Hara Amorós/Riot Games, Alienware, Team Liquid; **110** Kiloo/SYBO Games; **111** Kiloo/SYBO Games; **112** Alamy, Shutterstock; **113** Alamy, Shutterstock; **114** SonStar/Red Bull Content Pool; **115** Daebong Kim/Red Bull Content Pool; **120** Alamy; **121** Alamy; **122** Ryan Schude/GWR; **123** Alamy, Shutterstock; **127** Alamy, Alamy/Apple Studios; **131** Red Bull Content Pool, Alamy/Capcom; **132** Paul Michael Hughes/GWR; **133** Paul Michael Hughes/GWR; **134** Getty Images; **136** Rolf Otzipka; **138** Shutterstock/Sony Interactive Entertainment; **139** Shutterstock/Sega, Shutterstock/Microsoft, Shutterstock/Nintendo; **140** Shutterstock, Royal Mail/Crystal Dynamics; **141** Alamy, Shutterstock; **142** Alamy/Nintendo; **143** Alamy, Alamy/Apple Studios; **144** Red Bull Content Pool/Joe Gall, Getty Images; **145** Getty Images, Alamy/20th Century Studios; **147** Alamy; **148** Richard Bradbury/GWR, Paul Michael Hughes/GWR, James Ellerker/GWR; **149** Paul Michael Hughes/GWR, Kevin Scott Ramos/GWR, Richard Bradbury/GWR; **151** Alamy/Lucasfilm Ltd., Alamy/Marvel Studios; **152** Alamy/Legendary Pictures; **153** Shutterstock; **155** Paul Michael Hughes/GWR; **157** Paul Michael Hughes/GWR; **159** Alamy, Shutterstock; **161** Shutterstock; **162** Shutterstock; **163** Alamy; **166** Getty Images, Ryan «OhhRyanNiceShot» White; **167** Ross Johnston/Newsline Media, Getty Images; **174** Alamy, Shutterstock; **175** Alamy/Nintendo; **177** Alamy; **178** James Ellerker/GWR; **179** James Ellerker/GWR; **182** Paul Michael Hughes/GWR; **192** Gabriel Gurrola/GWR, Kevin Scott Ramos/GWR, Santiago Garces/GWR, Shutterstock

CÓDIGOS DE PAÍSES

ABW	Aruba
AFG	Afganistán
AGO	Angola
AIA	Anguila
ALB	Albania
AND	Andorra
ANT	Antillas Holandesas
ARG	Argentina
ARM	Armenia
ASM	Samoa Estadounidense
ATG	Antigua y Barbuda
AUS	Australia
AUT	Austria
AZE	Azerbaiyán
BDI	Burundi
BEL	Bélgica
BEN	Benín
BFA	Burkina Faso
BGD	Bangladés
BGR	Bulgaria
BHR	Bahréin
BHS	Bahamas
BIH	Bosnia y Herzegovina
BLR	Bielorrusia
BLZ	Belice
BMU	Bermudas
BOL	Bolivia
BRA	Brasil
BRB	Barbados
BRN	Brunéi Darussalam
BTN	Bután
BWA	Botsuana
CAF	República Centroafricana
CAN	Canadá
CHE	Suiza
CHL	Chile
CHN	China
CIV	Costa de Marfil
CMR	Camerún
COD	República Democrática del Congo
COG	Congo
COK	Islas Cook
COL	Colombia
COM	Comoras
CPV	Cabo Verde
CRI	Costa Rica
CUB	Cuba
CYM	Islas Caimán
CYP	Chipre
CZE	República Checa
DEU	Alemania
DJI	Yibuti
DMA	Dominica
DNK	Dinamarca
DOM	República Dominicana
DZA	Argelia
ECU	Ecuador
EGY	Egipto
ERI	Eritrea
ESP	España
EST	Estonia
ETH	Etiopía
FIN	Finlandia
FJI	Fiyi
FRA	Francia
FSM	Estados Federados de Micronesia
GAB	Gabón
GEO	Georgia
GHA	Ghana
GIB	Gibraltar
GIN	Guinea
GMB	Gambia
GNB	Guinea-Bissau
GNQ	Guinea Ecuatorial
GRC	Grecia
GRD	Granada
GRL	Groenlandia
GTM	Guatemala
GUM	Guam
GUY	Guyana
HND	Honduras
HRV	Croacia (Hrvatska)
HTI	Haití
HUN	Hungría
IDN	Indonesia
IND	India
IRL	Irlanda
IRN	Irán
IRQ	Irak
ISL	Islandia
ISR	Israel
ITA	Italia
JAM	Jamaica
JOR	Jordania
JPN	Japón
KAZ	Kazajistán
KEN	Kenia
KGZ	Kirguistán
KHM	Camboya
KIR	Kiribati
KNA	San Cristóbal y Nieves
KOR	República de Corea
KWT	Kuwait
LAO	Laos
LBN	Líbano
LBR	Liberia
LBY	Libia
LCA	Santa Lucía
LIE	Liechtenstein
LKA	Sri Lanka
LSO	Lesoto
LTU	Lituania
LUX	Luxemburgo
LVA	Letonia
MAR	Marruecos
MCO	Mónaco
MDA	Moldavia
MDG	Madagascar
MDV	Maldivas
MEX	México
MHL	Islas Marshall
MKD	Macedonia del Norte
MLI	Mali
MLT	Malta
MMR	Myanmar
MNE	Montenegro
MNG	Mongolia
MNP	Islas Marianas del Norte
MOZ	Mozambique
MRT	Mauritania
MSR	Montserrat
MUS	Mauricio
MWI	Malaui
MYS	Malasia
NAM	Namibia
NER	Níger
NGA	Nigeria
NIC	Nicaragua
NIU	Niue
NLD	Países Bajos
NOR	Noruega
NPL	Nepal
NRU	Nauru
NZ	Nueva Zelanda
OMN	Omán
PAK	Pakistán
PAN	Panamá
PER	Perú
PHL	Filipinas
PLW	Palau
PNG	Papúa-Nueva Guinea
POL	Polonia
PRI	Puerto Rico
PRK	Corea, República Popular de Corea
PRT	Portugal
PRY	Paraguay
QAT	Qatar
ROM	Rumanía
RUS	Federación de Rusia
RWA	Ruanda
SAU	Arabia Saudí
SDN	Sudán
SEN	Senegal
SGP	Singapur
SHN	Santa Elena
SLB	Islas Salomón
SLE	Sierra Leona
SLV	El Salvador
SMR	San Marino
SOM	Somalia
SRB	Serbia
SSD	Sudán del Sur
STP	Santo Tomé y Príncipe
SUR	Surinam
SVK	Eslovaquia
SVN	Eslovenia
SWE	Suecia
SWZ	Esuatini
SYC	Seychelles
SYR	República Árabe de Siria
TCA	Islas Turcas y Caicos
TCD	Chad
TGO	Togo
THA	Tailandia
TJK	Tayikistán
TKM	Turkmenistán
TMP	Timor Oriental
TON	Tonga
TTO	Trinidad y Tobago
TUN	Túnez
TUR	Turquía
TUV	Tuvalu
TZA	Tanzania
UAE	Emiratos Árabes Unidos
UGA	Uganda
UK	Reino Unido
UKR	Ucrania
UMI	Islas de Ultramar Menores de Estados Unidos
URY	Uruguay
USA	Estados Unidos de América
UZB	Uzbekistán
VAT	Ciudad del Vaticano
VCT	San Vicente y las Granadinas
VEN	Venezuela
VGB	Islas Vírgenes (UK)
VIR	Islas Vírgenes (USA)
VNM	Vietnam
VUT	Vanuatu
WSM	Samoa
YEM	Yemen
ZAF	Sudáfrica
ZMB	Zambia
ZWE	Zimbabue

EL EQUIPO

WESLEY YIN-POOLE

Asesor de videojuegos

Además de asesorar a GWR sobre los récords de videojuegos, ¿de qué trabajas actualmente?
Soy el editor de noticias de IGN en el Reino Unido.

¿Cuál fue el primer videojuego al que jugaste?
Al *Super Mario Bros.* en la NES. Tenía unos ocho o nueve años cuando nos regalaron una NES y me encantó. Durante años, jugué a *Super Mario Bros. 2* y luego a *Super Mario Bros. 3*, intentando desentrañar todos sus secretos antes de pasar a *Super Mario World* en la SNES.

Cuando eras pequeño, ¿cuál era tu juego favorito?
Street Fighter 2, tanto en las máquinas recreativas como en la SNES. Fue mi primera experiencia de juego multijugador competitivo. Adquirí la versión japonesa antes de su lanzamiento en el Reino Unido e intenté entender el manual del juego en japonés.

¿Tienes un desarrollador preferido?
Capcom ha creado algunos de mis juegos favoritos, sobre todo la serie de *Street Fighter*, pero también me encantan los juegos de *Resident Evil*, *Devil May Cry* y *Marvel vs. Capcom*.

¿Y a qué te gusta jugar ahora mismo?
Suelo jugar mucho a *Call of Duty*, pero ahora mismo estoy obsesionado con *HELLDIVERS 2*. Me encanta cómo convierte una de mis películas favoritas, *Starship Troopers: Las brigadas del espacio*, en un shooter cooperativo superdivertido en el que te tienes que cargar a un montón de bichos y robots.

Si tuvieras que unirte a un equipo de eSports, ¿qué juego elegirías primero?
Ya no soy tan bueno como antes, pero todavía se me da bien jugar a *Street Fighter*, sobre todo a las distintas versiones de *Street Fighter 2*. Mi personaje preferido es Guile con sus Sonic Booms, ¡aunque tengo una segunda opción, Zangief, para cuando estoy desesperado!

¿A qué nuevo lanzamiento del año que viene tienes más ganas de jugar?
Creo que todo el mundo está esperando que salga *Grand Theft Auto VI*.

¿Qué es lo que más te entusiasma de los juegos?
¿Aparte de los récords mundiales? Lo mejor de los videojuegos es su capacidad de crear una comunidad y encaminar a los aficionados en direcciones muy interesantes. Los juegos pueden proporcionar un espacio seguro donde entablar amistades que compartan tus mismos gustos y socializar. En este mundo siempre hay algo nuevo y emocionante a la vuelta de la esquina...

THOMAS MARSHALL

Curador de récords de videojuegos

Revive *Ghost of Tsushima* con un espíritu vengativo.

PIERRE SALARD

Escritor, especial sobre naves espaciales

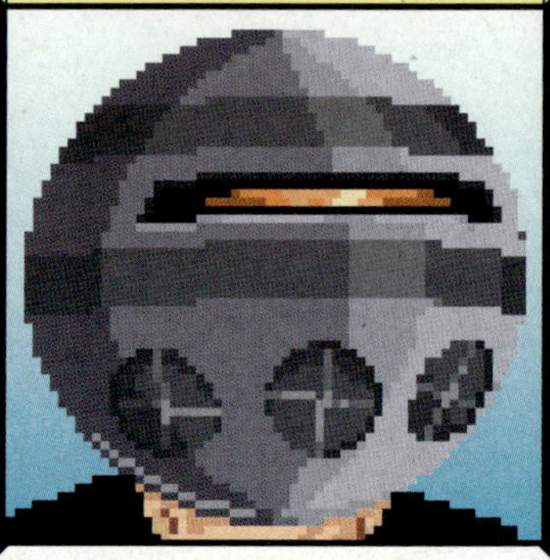

The Spaceshipper, dirigido por Pierre Salard, está en X, Threads, Bluesky, Mastodon e Instagram. La cuenta está dedicada al pasado, presente y futuro de la ciencia ficción espacial y destaca obras artísticas, informa sobre las últimas novedades y rememora la creación de clásicos. The Spaceshipper contiene también hilos, artículos y estudios detallados sobre el proceso creativo de la ciencia ficción. ¡Y todo ello aderezado con muchas naves espaciales!

Zangief, de *Street Fighter*

CRAIG GLENDAY
Editor jefe

Redescubre las oscuras delicias de *Inside* en la Switch.

JANE BOATFIELD
Directora de edición y producción de libros

Hace trampas con Yoshi en *Super Mario Bros. Wonder* para la Switch.

RYAN GALE
Diseñador

Explora *The Outer Worlds* de nuevo para conseguir el trofeo platino.

CHRIS BRYANS
Editor de maquetación

Lleva al Preston NE a la gloria de la Liga de Campeones en *EA Sports FC 24*.

EDDIE DE OLIVEIRA
Editor de maquetación

Salva un matrimonio en crisis en *It Takes Two* para la PS5.

LUCY TALAVERA
Editora fotográfica

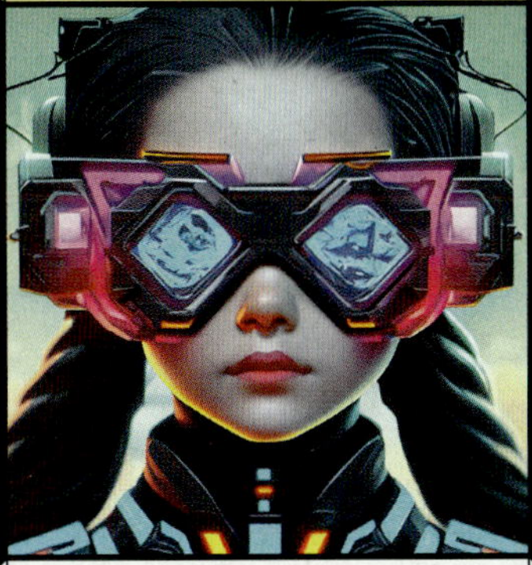

Busca a Zelda en *The Legend of Zelda: Tears of the Kingdom*.

BEN HOLLINGUM
Editor sénior

Se entretiene en la Night City de *Cyberpunk 2077*.

THOMAS McCURDY
Coordinador de producción y distribución

Pierde el juicio en *The Great Ace Attorney*.

MATTHEW WHITE
Corrector de pruebas

En el nivel 723 «Cardzilla» del *Solitario*, de MobilityWare.

RESPUESTAS DEL CUESTIONARIO

PÁG. 141: Personajes fem.

1. Aloy (*Horizon Zero Dawn*)
2. Ms. PAC-Man (*Ms. PAC-Man*)
3. Samus (*Metroid*)
4. Cereza (*Bayonetta*)
5. Princesa Peach (*Mario*)
6. Yuna (*Resident Evil*)
7. Chun-Li (*Street Fighter*)
8. Ellie (*The Last of Us*)
9. Comandante Shepard (*Mass Effect*)
10. Jill Valentine (*Resident Evil*)

Pág. 129: Estrellas de *EA Sports FC 24*

Primera fila (de izquierda a derecha): Alexander Isak, Selma Bacha, Alexia Putellas, Virgil van Dijk, Son Heung-min, Trinity Rodman, Federico Chiesa y Enzo Fernández.

Segunda fila (de izquierda a derecha): Jude Bellingham, David Beckham, Vinicius Júnior, Erling Haaland, Sam Kerr, Leah Williamson, Marquinhos y Youssoufa Moukoko.

Tercera fila (de izquierda a derecha): Mia Hamm, Johan Cruyff, Alex Scott, Ronaldinho, Alexandra Popp, Juan Román Riquelme, Didier Drogba y Leicy Santos.

Última fila (de izquierda a derecha): Marta, Marcus Rashford, Rudi Völler, Pelé, Zinedine Zidane, Bukayo Saka y Andrea Pirlo.

¡MISIÓN SECUNDARIA DESBLOQUEADA!
GUINNESS WORLD RECORDS 2025
¡YA A LA VENTA!
GUINNESS WORLD RECORDS
GWR STORE
ADEMÁS: ¿ALGUNA VEZ HAS INTENTADO BATIR UN RÉCORD?
¡Ve ahora mismo a la GWR Store y hazte con tu certificado de participación oficial personalizado!
Escanea y visita gwrstore.com